3 THEORIES SUR TOUT

3 THEORIES SUR TOUT
ELLIS POTTER

Destinée Media

© 2015 Ellis Potter

Cette publication ne peut être reproduite ou transmise sous aucune façon (électronique, mécanique, enregistrement, par photocopie, photographie ou autres) sans la permission écrite de l'auteur.

Publié par Destiné Media
www.destineemedia.com

Editeur en chef : Peco Gaskowski
Graphisme, typographie : Katharine Wolff
Graphiques dans le texte : Ellis Potter
Croquis de l'auteur : Andrzej Bednarczyk
Traducteurs : Marie-Madeleine Berthoud et Jean-Marc Berthoud

Tous droits réservés à l'auteur
ISBN: 978-1-938367-23-6

3 THEORIES SUR TOUT
ELLIS POTTER

Destinée Media

© 2015 Ellis Potter

Cette publication ne peut être reproduite ou transmise sous aucune façon (électronique, mécanique, enregistrement, par photocopie, photographie ou autres) sans la permission écrite de l'auteur.

Publié par Destiné Media
www.destineemedia.com

Editeur en chef : Peco Gaskowski
Graphisme, typographie : Katharine Wolff
Graphiques dans le texte : Ellis Potter
Croquis de l'auteur : Andrzej Bednarczyk
Traducteurs : Marie-Madeleine Berthoud et Jean-Marc Berthoud

Tous droits réservés à l'auteur
ISBN: 978-1-938367-23-6

INTRODUCTION

LE PREMIER CERCLE

    L'Eléphant du Nouvel Age
    Faire l'Expérience de l'Unité
    Le Cycle de la Vie
    Méditation et Langage
    Le Néant du Zen

LE DEUXIEME CERCLE

LE TROISIEME CERCLE
    Le Problème des Contraires
    Humpty Dumpty

    Tomber amoureux sur un Pont
    Défions la Gravité
    Changement, Temps, Eternité
    Moi et Nous
    Il te faut bien servir Quelqu'un
    Regarde, Papa, regarde !

    Un Trou noir dans le Cœur
    La Solution
    Disons les Choses simplement

45 QUESTIONS
    Thèmes pour la discussion
    avec des réponses d'Ellis Potter

Pour

Mary

mon

épouse

o o o

LORSQUE J'ÉTAIS UN PETIT GARÇON, j'avais le même genre de questions que posent beaucoup d'enfants. Les enfants veulent savoir à quelle distance est le lointain, comment petit est le petit. Ils veulent surtout savoir *pourquoi*. Je n'ai jamais grandi. Je me pose toujours ce genre de questions, des questions sur l'absolu, qui se rapportent à la vie. Je veux savoir à quoi ressemble la réalité lorsqu'on la sonde dans ses limites les plus extrêmes. Je veux savoir ce que les choses veulent vraiment dire dans le contexte final et absolu. Il peut être difficile de réfléchir à des questions absolues, car elles peuvent déstabiliser nos croyances les plus profondes. Elles nous paraissent menaçantes. Mais poser ce type de questions est passionnant. Je pense que c'est salutaire. Si l'un d'entre vous est devenu adulte, j'espère qu'il se donnera la peine de redevenir enfant.

Les petits enfants partent dans la vie avec l'espoir et la certitude que la réalité a un sens. Ils croient que maman et papa savent tout – une croyance qui est détruite à un moment de l'enfance. C'est comme pour le père Noël. Devenus adultes, la plupart des gens ont perdu l'espoir et la certitude que la réalité se tient. Leur idée du réel se réduit à un point de vue culturel restreint se limitant à la protection de soi et au contrôle de son environnement ou à l'indifférence. Ils vivent dans une réalité appauvrie, car la Réalité, la réalité ultime, leur est trop difficile.

L'absolu est un concept si vaste qu'il englobe tout sans rien laisser de côté. La notion de *réalité absolue* tient compte de tout ce qui existe. C'est une théorie se rapportant à tout ce qui est. Bien des gens pensent qu'il n'y a pas d'absolus et déclarent qu' : « il n'y a absolument pas d'absolus ! » Il y a cependant ici un problème, car si cette affirmation est absolument vraie, alors elle doit être absolument fausse.

Je crois que l'existence d'absolus est des plus probables, mais cette croyance est contrariante et pénible pour notre ego. Nos contemporains sont souvent poussés à *ne pas* croire aux absolus, car s'il existe de vrais absolus, nous en avons alors la responsabilité. Si de véritables absolus se trouvent en dehors de nous, alors nous ne pouvons pas nous inventer nous-mêmes. Par contre, s'il n'y a pas d'absolus, nous sommes libres. Nous nous inventons nous-mêmes et ce sont nos réactions qui donnent un sens à toute chose. Cette idée nous est manifestement sympathique. Cela veut aussi dire que nous pouvons arrêter de nous poser des questions.

Mais il y a des gens qui persistent à se poser des questions. Ils veulent savoir quel sens a réellement la vie. Qu'est-ce que tout cela veut dire. Ils veulent la vérité. Ils ne veulent pas simplement « s'intégrer » dans la culture à laquelle ils appartiennent ou croire ce que leurs parents leur ont appris. Ils veulent savoir ce qui est réel et pertinent. Ils ne se préoccupent pas de ce qu'ils risquent de découvrir. Si tout cela est mort et n'a aucun sens, qu'il en soit ainsi. Si cela est plein de sens et glorieux, qu'il en soit ainsi. Ces personnes continuent alors à poser des questions afin de comprendre la réalité sous tous ses angles, espérant atteindre la vérité, la Vérité *absolue* – qu'elle contienne une espérance ou non.

Les Trois Cercles

Lorsque je cherchais des absolus, j'ai découvert qu'il n'y en avait pas beaucoup. Je pense qu'il y en a trois : le Monisme, le Dualisme et le Trinitarisme. Ils sont assez différents les uns des autres, mais ont des points communs. Notamment celui du suffixe *-isme*. Le mot qui précède ce suffixe est le centre de la réalité et la mesure de toute chose. Si la science est la mesure de toute chose, on a le *scientisme*. Si l'homme est la mesure de toute chose, on a l'*humanisme*. Sur le plan des visions du monde, il y a *un-isme, deux-isme, trois-isme*.

La chose la plus importante commune à ces trois visions du monde est leur appréhension de l'histoire de la réalité. Chacune parle d'un commencement parfait suivi de quelque chose qui alla ensuite de travers, de sorte que la situation actuelle n'est pas celle qui était prévue au départ. Nous souffrons. Nous sommes hostiles les uns aux autres. Nous nous inquiétons. Nous nous sentons désorientés. Nous désirons que les choses aillent mieux. Y a-t-il quelqu'un qui ne se soit jamais plaint de l'état actuel du monde ? Peu de personnes pensent que tout va bien. Et s'il en existe, soit elles ne font que le prétendre, soit elles ont été trompées, ou bien alors elles n'ont jamais lu le journal. Je crois qu'il est normal de se plaindre de ce qui nous entoure, car bien des choses ne vont manifestement ils appartiennent ou croire ce que leurs parents leur ont appris. Ils veulent savoir ce qui est réel et pertinent. Ils ne se préoccupent pas de ce qu'ils risquent de découvrir. Si tout cela est mort et n'a aucun sens, qu'il en soit ainsi. Si cela est plein de sens et glorieux, qu'il en soit ainsi.

Ces personnes continuent alors à poser des questions afin de comprendre la réalité sous tous ses angles, espérant atteindre la vérité, la Vérité *absolue* – qu'elle contienne une espérance ou non.

Les Trois Cercles

Lorsque je cherchais des absolus, j'ai découvert qu'il n'y en avait pas beaucoup. Je pense qu'il y en a trois : le Monisme, le Dualisme et le Trinitarisme. Ils sont assez différents les uns des autres, mais ont des points communs. Notamment celui du suffixe *-isme*. Le mot qui précède ce suffixe est le centre de la réalité et la mesure de toute chose. Si la science est la mesure de toute chose, on a le *scientisme*. Si l'homme est la mesure de toute chose, on a l'*humanisme*. Sur le plan des visions du monde, il y a *un-isme, deux-isme, trois-isme*.

La chose la plus importante commune à ces trois visions du monde est leur appréhension de l'histoire de la réalité. Chacune parle d'un commencement parfait suivi de quelque chose qui alla ensuite de travers, de sorte que la situation actuelle n'est pas celle qui était prévue au départ. Nous souffrons. Nous sommes hostiles les uns aux autres. Nous nous inquiétons. Nous nous sentons désorientés. Nous désirons que les choses aillent mieux. Y a-t-il quelqu'un qui ne se soit jamais plaint de l'état actuel du monde ? Peu de personnes pensent que tout va bien. Et s'il en existe, soit elles ne font que le prétendre, soit elles ont été trompées, ou bien alors elles n'ont jamais lu le journal. Je crois qu'il est normal de se plaindre de ce qui nous entoure, car bien des choses ne vont manifestement pas. Il est tout à fait compréhensible de désirer que la situation soit rétablie.

L'idée dans la pensée occidentale traditionnelle que « dans le passé les choses allaient bien et qu'elles ont besoin d'aller bien à nouveau », n'est autre que la vision biblique de l'histoire. Au commencement, un Dieu parfait créa un monde parfait et des gens parfaits, puis quelque chose alla de travers. La révolte, le péché et l'égoïsme firent leur apparition. Depuis, les choses sont déréglées et nous souffrons et nous nous attendons à Christ pour que les choses soient rétablies. Cette aspiration peut s'exprimer en termes abstraits de la manière suivante :

perfection – imperfection – perfection

Ou mieux encore :

à *la maison – en exil – de retour à la maison*

En d'autres mots, c'est le modèle du retour chez soi ; on retourne, après un voyage, à l'endroit d'où l'on était parti, généralement transformé par ce périple. On peut trouver ce modèle dans les grandes épopées telle l'*Odyssée* d'Homère, ou dans la musique, que ce soit dans les chansons folkloriques ou dans la forme *ABA* de la sonate viennoise. La musique et les histoires sont vraiment puissantes parce qu'elles sont des microcosmes de la structure de base de l'univers.

Maintenant, si nous admettons que les choses sont déréglées, une question importante surgit : « A quoi ressemblait la réalité lorsque tout était parfait ? » Si nous connaissons la réponse, alors nous saurons mieux ce qui ne va pas et comment l'améliorer. Si nous ne connaissons pas la réponse, nous ne pouvons que dire : « Aïe, ça fait mal. » Est-ce que vous vous rappelez de René Descartes ? Descartes a dit : « Je pense, donc je suis. » Mais moi je préfère dire : « *J'ai mal*, donc je suis. » Je pense que cela reflète plus ce que nous vivons.

Il existe un récit apocryphe sur Descartes. On raconte qu'il se rendit un jour dans un bar et commanda une bière. Ayant fini sa bière, le barman lui demanda : « En désirez-vous une autre ? » Ce à quoi Descartes répondit : « Oh, je ne pense pas », puis il disparut.

Mais je doute que nous disparaissions si nous nous arrêtons de penser. Nous continuerons d'exister. Nous continuerons de sentir. Nous continuerons de souffrir. En fait, certaines personnes recherchent des expériences douloureuses pour se sentir en vie. Elles se mutilent en se coupant avec des lames de rasoir et se piquant avec des aiguilles, car cela leur donne la sensation d'exister. Ceci n'est pas une bonne solution au problème de la souffrance, cependant nous pouvons compatir avec pareil désespoir et apprécier la part d'authenticité dans de tels actes. Dans un monde imparfait, vivre et souffrir sont des expériences qui sont entremêlées. Elles sont liées comme un nœud. Y a-t-il un moyen pour défaire ce nœud ? Une vie sans souffrance peut-elle exister ? Quelle est la solution au problème de la souffrance ?

Le Monisme, le Dualisme et le Trinitarisme affirment chacun que la réalité, au commencement, était parfaite. Par contre, ils divergent sur la nature de cette perfection, sur les causes de la souffrance et sur ce que signifie le fait de retrouver la perfection originelle. En d'autres mots, chaque vision du monde offre une solution unique, une espérance unique au problème de la souffrance. Nous pouvons représenter le Monisme, le Dualisme et le Trinitarisme en traçant un cercle de trois manières différentes.

Le Premier Cercle

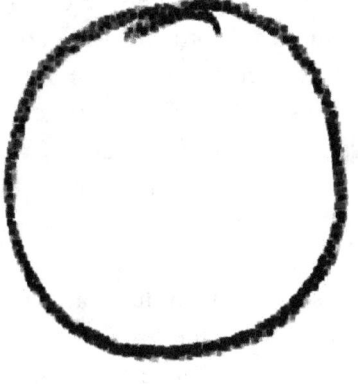

Le Monisme

Commençons par le Monisme. Le Monisme n'est pas le monothéisme. Le monothéisme est la croyance en un Dieu unique, mais le Monisme est la croyance en la seule *Unité*, une unité totale qui est le fondement de toute chose. C'est très différent. Si vous croyez en un Dieu unique, alors vous avez Dieu et *ce qui n'est pas* Dieu. Par contre, si vous croyez en un la seule *Unité*, alors vous avez l'unité seulement, ou autrement dit : *Tout est Un*.

Le Monisme est une vision du monde très ancienne. Elle est sans doute née lorsque les gens, regardant le monde qui les entourait, ressentirent un sentiment très fort d'unité. Il y a une terre, un ciel, un soleil, une lune, une race humaine, un cycle du jour et de la nuit, un cycle des quatre saisons. En même temps, les gens virent la diversité. Ils virent des différences. Les unités qu'ils observèrent étaient stables et fiables, mais les diversités étaient instables et peu fiables. Le Monisme affirme que la perfection originelle est une unité parfaite, sans changement et éternelle. Nous souffrons, car nous avons oublié cette unité originelle et vivons dans une illusion de diversité. Cette illusion peut nous paraître très réelle, mais elle est néanmoins une illusion. Selon le Monisme, la solution à la souffrance est de se souvenir et d'accomplir tout à nouveau cette unité parfaite.

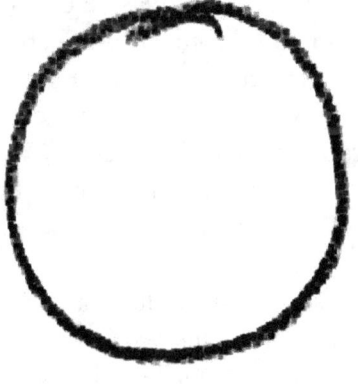

Le Monisme

Commençons par le Monisme. Le Monisme n'est pas le monothéisme. Le monothéisme est la croyance en un Dieu unique, mais le Monisme est la croyance en la seule *Unité*, une unité totale qui est le fondement de toute chose. C'est très différent. Si vous croyez en un Dieu unique, alors vous avez Dieu et *ce qui n'est pas* Dieu. Par contre, si vous croyez en un la seule *Unité*, alors vous avez l'unité seulement, ou autrement dit : *Tout est Un*.

Le Monisme est une vision du monde très ancienne. Elle est sans doute née lorsque les gens, regardant le monde qui les entourait, ressentirent un sentiment très fort d'unité. Il y a une terre, un ciel, un soleil, une lune, une race humaine, un cycle du jour et de la nuit, un cycle des quatre saisons. En même temps, les gens virent la diversité. Ils virent des différences. Les unités qu'ils observèrent étaient stables et fiables, mais les diversités étaient instables et peu fiables. Le Monisme affirme que la perfection originelle est une unité parfaite, sans changement et éternelle. Nous souffrons, car nous avons oublié cette unité originelle et vivons dans une illusion de diversité. Cette illusion peut nous paraître très réelle, mais elle est néanmoins une illusion. Selon le Monisme, la solution à la souffrance est de se souvenir et d'accomplir tout à nouveau cette unité parfaite.

Le Monisme est une idée centrale du mouvement du Nouvel Age. Avez-vous entendu parler du Nouvel Age ? Aujourd'hui, ce mouvement est dépassé. Le Nouvel Age était à la mode il y a 50 ans, à l'époque des hippies, et s'inspire en partie de l'astrologie. Le zodiaque astrologique contient douze maisons et l'histoire du monde avance d'une maison à l'autre comme le font les aiguilles sur les chiffres d'une horloge. A présent, nous passons de l'Age du Poisson, symbolisé par deux poissons allant dans des directions opposées, à l'Age du Verseau, le Porteur d'Eau, où toutes choses coulent ensemble. Nous passons de l'âge de l'opposition à l'âge du courant harmonieux. Et lorsque chaque chose avance en harmonie, la paix et la tolérance augmentent avec la prise de conscience que tout est Un.

Tout est Un ! Voilà le slogan du Nouvel Age. C'est son grand leitmotiv, le cri joyeux de son Evangile. *Tout est Un.* Si tout est Un, alors vous êtes Dieu. Vous êtes le soleil et la lune et la Voie lactée et l'univers tout entier. Si tout est Un, alors en buvant un verre d'eau, vous êtes Dieu, versant Dieu en Dieu. « Tout est Un » est vraiment attrayant, car si tout est un, il n'y aura plus jamais de désaccord entre les gens, plus personne ne se battra, il n'y aura plus de malentendu et plus jamais de solitude.

Tous les problèmes sont résolus si tout est un. Cette idée pourrait vous plaire. Cependant, si tout est un, alors vous êtes moi et une telle chose pourrait ne plus être si attrayante. Si tout est un, les relations humaines sont mauvaises, car les relations existent seulement dans l'illusion de la diversité. Si tout est un, la haine est mauvaise, car elle est une relation et l'amour est lui aussi mauvais, car l'amour est une relation.

Certaines personnes protestent contre cette façon de raisonner, car elles ne veulent pas abandonner l'idée d'amour ou de relation. Mais le Monisme est une vision absolue du monde qui embrasse tout et vous ne pouvez pas choisir de maintenir à votre guise certains éléments de la réalité distinctement ou à part. Tout est un. Rien n'est omis, rien n'est divisé et tout est totalement unifié.

L'Eléphant du Nouvel Age

Une fable bien connue du Nouvel Age qui symbolise l'idée que *Tout est Un* est l'Histoire de l'Eléphant. Ici, la vérité absolue est symbolisée par un éléphant et les humains représentés par des personnes aveugles cherchant à découvrir cette vérité en touchant l'éléphant. Il semble tout à fait logique que l'histoire mette en scène une vérité-éléphant plutôt que, par exemple, une vérité-*lapin*. Un lapin est quelque chose que vous pouvez entourer de vos bras. Un éléphant est trop gros ; vous ne pouvez ni l'embrasser ni le connaître. En d'autres termes, la vérité absolue *me dépasse*. Par ailleurs, il va de soit que les personnages soient aveugles, car nous sommes tous à certains égards aveugles.

Dans cette fable, le premier aveugle trouve la queue de l'éléphant et dit : « Ah, l'éléphant ressemble à une corde. » L'aveugle suivant trouve une jambe et dit : « Non, l'éléphant est comme un arbre. » Le troisième aveugle trouve la trompe et dit : « Non, non, l'éléphant est semblable à un tuyau d'arrosage. » Le quatrième s'approche de son flanc et dit : « Non, non, l'éléphant est comme un mur. » Il y a un seul éléphant, mais les personnes ont des perceptions très différentes de l'éléphant.

En raison de sa grande taille, les personnes sont dans l'impossibilité d'étreindre l'éléphant et de le connaître dans sa totalité, ainsi elles se retrouvent face à des choix. L'un de ceux-ci pourrait être de croire en la valeur de notre seule perception de l'éléphant ; alors, convaincus que tous les autres sont dans l'erreur, nous nous querellerions, nous nous battrions et nous nous entretuerions. Un autre choix pourrait être de respecter le cheminement de foi de chacun et de reconnaître que *chaque* expérience est une expérience de l'éléphant et pour cette raison, nous devrions vivre en paix et nous tolérer les uns les autres. Quel est le meilleur choix ?

Peut-être vous sentez-vous coincés. D'un côté, vous ne désirez pas affirmer que chaque conception de la vérité est également vraie, mais de l'autre, vous ne voulez pas non plus dire que nous devrions nous quereller, nous battre et nous entretuer. J'ai, en fait, raconté une fois cette fable aux États-Unis et un jeune homme a levé la main et a répondu : « Entretuez-vous ! » Il y a une certaine honnêteté logique dans cette réaction, mais la plupart des gens (en tout cas la plupart des Américains) trouveraient que ça ne serait pas la meilleure solution.

A la manière dont l'histoire de l'éléphant est construite, vous pouvez constater qu'elle vous laisse dans une impasse, sans choix réel si ce n'est de conclure que tout le monde possède une petite part de vérité et que la part de l'un n'a pas plus de valeur que celle d'un autre. Mais n'y a-t-il pas un problème avec cette parabole ?

Lorsque je pose cette question lors de mes conférences, les auditeurs, généralement, se fixent sur les problèmes se rapportant aux aveugles. Ils font remarquer que les gens ne mettent pas en commun leurs expériences, ou qu'ils sont aveugles, ou qu'ils sont de petite taille. Ce sont bien sûr là des problèmes, mais qu'en est-il de l'éléphant ?

Remarquez que les personnages du récit sont actifs et communiquent, mais pas l'éléphant. Il est passif et silencieux. Il est disponible, ne se cache pas, mais il ne s'approche pas des gens avides de le connaître. Vous voyez, dans cette histoire, la vérité absolue – l'éléphant – est moins complexe que les particuliers – c'est-à-dire les gens. Mais est-ce raisonnable ? Est-ce cela que nous attendons d'une vérité qui se veut absolue ? Qu'en pensez-vous ?

Une autre anecdote du Nouvel Age et qui exprime l'idée que tout est Un concerne une goutte d'eau. Une goutte d'eau a bien des problèmes. Elle est seule. Elle s'inquiète de l'évaporation. Elle se sent frustrée, car une des fonctions de l'eau est de servir d'habit aux poissons et de leur permettre de nager, mais une goutte d'eau est trop petite pour cela. La seule solution est de retourner dans l'océan et de devenir un avec le tout. Alors la goutte d'eau se rit de l'évaporation et n'est plus jamais seule et les poissons peuvent nager. C'est ainsi qu'on enseigne l'Éveil aux enfants.

Faire l'Expérience de l'Unité

L'idée que tout est Un prend ses racines dans les versions anciennes du Monisme. C'est le fondement de l'hindouisme et du bouddhisme, les grandes religions monistes. Le fondateur du bouddhisme était Siddhartha Gautama. Il médita sous l'arbre Bô pendant quarante jours et quarante nuits, c'est alors qu'il atteignit l'illumination. Il ouvrit les yeux et vit à l'horizon la planète Vénus. Il sut qu'il était illuminé, car il savait qu'il regardait à lui-même. Si tout est Un, je suis la planète Vénus. Si tout est Un, vous êtes Dieu.

Un après-midi, alors que j'étais un adolescent pratiquant le yoga et la méditation bouddhiste, je fis une expérience inoubliable. J'eus la sensation d'être exactement de la même taille que l'univers entier. Ceci dura environ quinze minutes et fut très intense bien qu'elle ne me transforma pas, sinon elle ne serait pas restée qu'un simple souvenir. Pour celui qui est profondément illuminé, une telle expérience est une réalité constante.

Il y a différentes formes de bouddhisme pour lesquelles les Occidentaux éprouvent généralement un sentiment de fascination. Je crois cependant que nous apprenons souvent des détails superficiels sur ce thème sans en sonder les principes de base. Je ne parlerai pas ici des détails. Je désire me concentrer sur les principes de base. Dans le bouddhisme, il y a quatre lois spirituelles appelées

Les Quatre Nobles Vérités. La première est *la loi de la souffrance* qui affirme que tout souffre. Que nous soyons d'Orient ou d'Occident, nous sommes tous d'accord avec cela.

La deuxième noble vérité est *la loi de la cause de la souffrance.* La cause de la souffrance est le désir. Si vous désirez, vous souffrez. Vous n'êtes pas en paix. Le désir provient des relations humaines. Par exemple, si je vous rencontre, si je vous parle, je désire que vous m'aimiez et me compreniez. Mais peut-être que vous n'allez ni m'aimer ni me comprendre. Par conséquent, je vais souffrir – même si cette souffrance sera gérable. Mais c'est en réalité bien pire, car même si vous m'aimez et me comprenez *vraiment*, je vais désirer être constamment aimé et compris et je n'échappe donc jamais entièrement au désir ou à la souffrance qui en sont le résultat. Selon le bouddhisme, chaque forme de désir – désir d'être aimé, d'être riche, d'être intelligent, ou d'être beau – engendre de la souffrance.

La troisième noble vérité est *la loi de la cessation de la souffrance par la cessation du désir.* Laissez-moi vous donner un exemple. Si j'ai une rage de dents et que je désire que la douleur s'arrête et qu'elle ne s'arrête pas, je souffre. Mais si j'ai une rage de dents et que je *ne* désire *pas* que la douleur s'arrête et qu'elle ne s'arrête pas, je ne souffre pas. Je suis libre. Vous voyez, la douleur est là, mais si je prends conscience que je *suis* moi-même la douleur, je ne souffre pas. Mon expérience n'est pas *j'ai mal*, mais *La douleur est*.

La quatrième noble vérité est une thérapie en huit étapes dont le but est la cessation du désir. Cette thérapie porte un nom spécial : *le Noble Chemin Octuple*. Êtes-vous familier avec le programme en douze étapes des Alcooliques Anonymes dont le but est de surmonter l'alcoolisme ? Vous avez peut-être entendu parler d'autres programmes par étape qui conduisent au recouvrement de la santé et qui cherchent à surmonter diverses difficultés. Le Noble Chemin Octuple que le Bouddha développa est sans doute le premier programme par étape. Remarquez ici que le mot *pli* conviendrait mieux que celui d'étape. Si vous avez des étapes à franchir, vous devez quitter la première étape pour vous attaquer à la seconde ; mais si vous avez des plis, tels que ceux d'un papier plié, votre progrès se cumule et se construit sur lui-même, jusqu'à ce que vous ayez les huit plis.

Le Noble Chemin Octuple commence par des choses pratiques telles que : la manière juste de voir et de comprendre les choses, la pensée ou l'objectif juste, l'action juste, la parole juste, la manière juste de gagner sa vie, l'effort juste, l'attention juste, la concentration juste. Ensuite, des parts plus grandes de la réalité viennent s'ajouter telles que : le surnaturel, la conscience et la connaissance, puis enfin la méditation et la conscience du Bouddha. Dans son livre *Trois Voies de la Sagesse asiatique*, Nancy Wilson Ross décrit le processus ainsi : en premier lieu, vous devez voir clairement ce qui ne va pas. Ensuite, vous devez décider d'être guéri. Puis, vous devez agir et parler en ayant en vue cette guérison. Vos moyens de subsistance ne doivent pas perturber votre thérapie. Votre thérapie doit avancer sans interruption, aussi rapidement que possible, mais pas trop vite non plus. Vous devez y penser continuellement et apprendre à contempler avec un esprit constamment en éveil.

Le Cycle de la Vie

Prendre conscience de l'unité absolue de toute réalité est un long cheminement. De nombreuses personnes découvrent rapidement qu'il n'est pas raisonnable de penser pouvoir accomplir en une seule vie le processus tout entier. A ce stade, la doctrine de la *réincarnation* devient nécessaire. La réincarnation est l'idée qu'après notre mort nous renaissons à une autre vie sur cette terre, nous vivons et nous mourrons à nouveau, puis nous nous réincarnons, et ainsi de suite. Par ce processus, nous travaillons à notre *karma*. Le karma est comme une loi de cause à effet. Quoi que nous fassions dans nos vies, cela a des conséquences qui doivent être rééquilibrées, et ce rééquilibrage se produit souvent dans une autre vie. Par exemple, si nous assassinons quelqu'un dans une vie, alors dans la vie suivante nous pourrions nous-mêmes être assassinés ou nous pourrions nous consacrer à sauver des vies.

La réincarnation peut se perpétuer pendant des milliers de vies. En Occident, nous avons tendance à considérer la réincarnation de manière optimiste, peut-être parce que nous avons souvent une attitude positive. Nous pensons : « Ah, vous avez une autre chance ! Excellent ! Peut-être que je naîtrai roi la prochaine fois. » Mais en Asie, la réincarnation n'est pas considérée comme un bienfait. Ça ressemble plutôt à une malédiction de renaître perpétuellement dans une vie de souffrance.

Le but du bouddhisme, et aussi de l'hindouisme, n'est pas d'être réincarné, mais de *mettre fin* au processus de réincarnation.

Lorsqu'un chrétien dit aux bouddhistes ou aux hindous qu'il leur faut *naître de nouveau*, ils répondent : « Oh, je le sais, et encore et toujours encore. » Un bouddhiste ou un hindou ne considère pas le fait de naître de nouveau comme étant une bonne nouvelle.

Il y a un mot utilisé par les bouddhistes et les hindous pour décrire l'illusion de la réalité, c'est le mot *maya*. Être pris au piège du maya c'est comme être coincé dans un mauvais rêve. Le rêve est douloureux, effrayant et inconfortable, mais il n'est pas réel. Comment sortir d'un mauvais rêve ? En nous réveillant. Se réveiller, c'est se rendre compte de la réalité. On appelle cela également *l'illumination*. C'est se réveiller du cauchemar de la diversité et parvenir à la pleine réalisation de l'unité parfaite. C'est l'évangile du Monisme. C'est là le salut du Monisme. C'est puissant, absolu et profondément séduisant. En tant qu'ancien moine bouddhiste, je mesure encore la grande valeur de cette vision du monde ainsi que sa forte attraction.

Méditation et Langage

Dans le bouddhisme, l'hindouisme et d'autres religions monistes, des méthodes sont nécessaires pour s'approcher du salut. La méthode principale s'appelle la *méditation*. En Occident, les gens parfois pensent que la méditation consiste en une concentration de la pensée. Ce n'est pas le cas en Orient. Au contraire, la méditation est une méthode qui cherche à *arrêter* la pensée. La pensée doit cesser, car penser est analytique et relationnel. Le fait de penser nous tient emprisonnés dans la toile du maya, dans l'illusion de la différence et de la diversité. Cela nous empêche de comprendre que si tout est Un alors les relations n'existent pas. Il n'y a que l'unité parfaite.

La méditation n'a pas de programmes ou de logique. C'est être. Si vous avez un but, vous avez une relation avec ce but. La méditation nous aide non pas à atteindre le but, mais à être le but. Il y a différentes manières de méditer et nombre d'entre elles ont une valeur thérapeutique. Si vous suivez régulièrement diverses pratiques de méditation, vous vous sentirez plus détendus et concentrés, votre niveau de stress baissera, votre pression sanguine baissera, les ondes alpha dans votre cerveau augmenteront, votre capacité à vous concentrer augmentera, votre sang sera mieux oxygéné, votre besoin de sommeil diminuera probablement et peut-être vivrez-vous plus longtemps. La méditation est une pratique difficile, mais elle entraîne des bienfaits réels.

Ceux qui la pratiquent ne sont pas des masochistes. Ce sont des gens comme les autres qui désirent aller mieux et se sentir mieux. Ils souhaitent que leur vie soit plus saine.

A part ces bienfaits pratiques, la raison fondamentale de pratiquer la méditation est d'atteindre l'illumination. Cela prend plusieurs vies pour parvenir à ce stade. Dans l'hindouisme, le processus de la réincarnation est symbolisé par la roue de la vie et de la mort qui tourne sans arrêt : vous naissez dans la souffrance, et puis vous mourez, et vous naissez dans la souffrance, et puis vous mourez. Le but de la méditation est de vous libérer du mouvement sans fin de cette roue.

Vous devez comprendre que vous ne vous en libérez pas en vous dirigeant vers l'extérieur de la roue, mais en allant vers son centre. *Se centrer* est très important dans la méditation. Pensez au centre d'une roue d'une voiture ou d'un vélo. Qu'est-ce que c'est ? C'est l'axe. Quel est le centre de l'axe ? C'est un point. Et qu'est-ce qu'un point ? Cela n'est rien. Même dans la réalité physique, dans le centre du centre d'un centre, entre les molécules, les atomes, les gluons, les électrons et les protons, il n'y a rien. Le rien ne tourne pas avec la roue. Le rien est libéré de cette rotation. Lorsque vous atteignez ce rien absolu par votre méditation, vous réalisez également le tout absolu. Vous avez atteint la liberté absolue. Vous êtes pleinement illuminés. Vous devenez tout lorsque vous devenez rien.

Une des méthodes les plus courantes de la pratique de la méditation est le *mantra*. Le mantra consiste à répéter des mots qui ont une signification, les répétant d'abord à haute voix, puis intérieurement. Après un certain nombre de répétitions, ils deviennent une vibration et transcendent leur sens. Ces mots deviennent de plus en plus fins perdant toute substance jusqu'à ce que vous vous mettiez à vibrer vous-mêmes avec chaque atome dans l'univers. Toute matière vibre de même que les électrons changent d'orbites. Lorsque vous intériorisez cette vibration, vous unissez votre être avec toute la matière dans l'univers et vous devenez un avec le tout. C'est de cela que le Nouvel Age tire son concept des « énergies positives ». Les énergies positives sont les vibrations du salut, les vibrations de l'unité dans toute réalité. L'usage du mantra n'est pas une pratique religieuse, bien que des paroles religieuses soient parfois choisies. La pratique religieuse implique une relation et se réalise dans la diversité. Le but du mantra est d'être libéré de la diversité et de toute relation et d'atteindre l'unité de toute chose. C'est pour cela que le but de la méditation mantra est de détruire le langage, car tout langage implique des relations entre différentes choses. Vous devez détruire le langage pour être sauvés et pour atteindre l'unité totale. Il existe différents mantras. Un des plus courants utilise la répétition du mot OM. Je me souviens l'avoir chanté dans un monastère. Lorsque vous le chantez, vous respirez trois fois par minute. Vous videz complètement vos poumons et vous les remplissez complètement. Lorsque vous avez atteint un bon rythme, il semble ne plus y avoir de mouvement. Vous ne savez plus si vous inspirez ou si vous expirez. Vous ne savez plus s'il y a du son ou du silence. Tout devient un. Lors de mes conférences, j'exécute en général un ou deux OM afin de donner à mes auditeurs une idée du son. Une fois, un professeur de philosophie m'a abordé après une de ces causeries et m'a dit : « J'ai ressenti quelque chose en moi lorsque vous avez émis le OM, quelque chose d'immense. J'aimerais comprendre cela. » Je lui ai répondu : « Vous ne pouvez pas le comprendre. Comprendre signifie que vous avez une relation avec lui, et ce n'est pas ce dont il s'agit avec le OM. Le OM consiste à devenir un avec le OM. »

Le texte complet est *aum mani padme hum*, ce qui signifie *acclame le joyau dans le lotus*. Les fleurs de lotus grandissent dans la boue sous l'eau et se propagent par pousses. Certaines variétés n'ont pas de graines, ont une longue tige et émergent de la surface de l'eau. Si vous voyez une statue de Bouddha, regardez à sa base et vous verrez de petits pétales de fleurs de lotus. Il s'agit du trône du lotus, et il a des pieds de lotus. C'est une image très importante pour le bouddhisme. La fleur de lotus a des centaines de pétales. Si vous séparez les pétales et arrivez au centre de la fleur de lotus, que s'y trouve-t-il ? Rien. C'est le joyau dans le lotus. C'est une image magnifique et forte. Le bouddhisme n'est pas une philosophie parfaite, mais ce n'est ni stupide ni repoussant.

Un mantra plus complexe est *gate gate paragate parasamgate bodhi svaha*, ce qui signifie : *parti, parti, parti au-delà, parti au-delà au-delà, acclame le joyau dans le lotus*. Répétez dix fois ces mots chaque matin et votre vie changera. Je ne peux pas vous dire comment elle va changer, mais vous allez certainement expérimenter quelque chose. La poésie et le symbolisme sont puissants. Les mots peuvent encore me faire monter les larmes aux yeux lorsque je les entends.

Le Néant du Zen

Il existe différentes sortes de bouddhisme comme : le bouddhisme mahâyâna, le theravāda, le tantrique, le tibétain, le Nichiren Shōshū, l'École de la Terre Pure, et d'autres encore. Les adeptes de chaque école vous diront « notre bouddhisme est le vrai, le bouddhisme authentique ». Nous avons la même situation en Occident. Bien des personnes croient que Dieu est luthérien, mais nous savons bien qu'Il est baptiste. Les bouddhistes et les chrétiens rencontrent des problèmes similaires.

Plus tôt, j'ai dit que j'étais un ancien moine bouddhiste. En fait, j'étais un moine bouddhiste zen et ainsi je peux affirmer que le bouddhisme zen *est* le bouddhisme vrai et original. Le zen est, par certains côtés, vraiment spécial. Les personnes qui le pratiquent croient à *Rien*. Ce ne sont pas des *monistes*, ce sont des *nonistes*. Mais il ne s'agit pas d'un Rien négatif, mais d'un Rien positif. Le zen demande : « Si tout est réductible au Un, alors à quoi le Un est-il réductible ? » Cette question ressemble à celle que posent les philosophes existentiels lorsqu'ils demandent : Pourquoi y a-t-il quelque chose ? Pourquoi y a-t-il l'existence ?

Le zen ne répond pas à la question avec des mots et des conclusions logiques. Il répond par une expérience vécue. Je vais tenter de vous donner une certaine idée de ce Rien du zen. Vous ou moi pourrions dire : « Il est possible qu'il pleuve ce soir. » Cette possibilité est à la fois réelle et elle est rien.

Vous ne pouvez la mesurer, vous ne pouvez la peser, vous ne pouvez en connaître la couleur. Elle est rien. Dans le même sens, tout ce qui est – chaque objet, chaque pensée, chaque émotion, chaque action – est possible. Dieu est possible, le mal est possible, la terre est possible, vous et moi sommes possibles – et toutes ces possibilités sont rien. La possibilité est la mère de toute chose.

La possibilité n'est pas, ici, la même chose qu'une probabilité. Une probabilité est quelque chose qu'on peut décrire et mesurer, mais pas la possibilité. Une des vérités les plus profondes du bouddhisme est *Bouddha est possibilité*. En sanskrit nous disons qu'il est *tathata*, ou ainséité, ou qualité indifférenciée. Le Shakyamuni Siddhartha Gautma est appelé le *Tathagata*, qui signifie *l'incarnation de qualité indifférenciée*.

J'ai étudié avec un maître zen. Il a maintenant plus de cent ans et continue d'enseigner. Il a écrit un seul livre ayant pour titre : *Bouddha est le Centre de Gravité*. C'est un titre approprié pour un livre sur le zen. Chaque objet a un centre de gravité. Votre corps, un camion, un bateau, un bâtiment – tout. Mais pouvez-vous décrire le centre de gravité ? De quelle couleur est-il ? Quelle est sa forme ? Quel est son poids ? Le centre de gravité ne peut être décrit en de tels termes, car il s'agit uniquement d'un point théorique. Dans ce sens, c'est rien. Mais c'est essentiel. Vous pouvez penser au Bouddha comme le rien essentiel – ou, en d'autres mots, comme le rien essentiel, central, en devenir.

Dans la philosophie zen, on dit : « Si vous voyez le Bouddha, tuez-le. » Cela signifie que *si vous avez l'idée que la réalité absolue se trouve en dehors de vous, vous devez vous débarrasser de cette idée.* Vous comprenez, il ne faut pas avoir d'idée du Bouddha. Vous ne pouvez pas penser à lui comme le gros bonhomme doré du restaurant chinois. Vous ne pouvez pas penser à lui comme un des Bouddhas debout ou un des Bouddhas assis ou même un des Bouddhas couchés, et pas non plus comme un des Bouddhas maigrichons ou comme un des jeunes ou un des vieux Bouddhas. Vous ne devez pas voir le Bouddha. Vous devez être le Bouddha. Et vous ne devez pas *devenir* le Bouddha, parce que vous êtes toujours le Bouddha. Vous devez vous réveiller et réaliser la nature-Bouddha. C'est alors que se manifeste le salut.

Je viens de vous donner un bref sermon bouddhiste. Je ne sais pas si l'un d'entre vous se convertira. J'espère que vous pouvez saisir la puissance et l'espérance que sous-tend cette vision du monde et comprendre pourquoi des gens sains, intelligents s'y consacrent. Ils ne sont pas fous. Bien des personnes de valeur sont engagées dans cette idée de la réalité.

LE DEUXIÈME CERCLE

Le Dualisme

N'ayant pas beaucoup vécu dans le deuxième cercle, je ne peux pas vraiment en donner une vision de l'intérieur. Bien que celle-ci ait été largement utilisée comme une théorie du tout par beaucoup de gens comme fondement de leur pensée et de leur croyance, cette théorie n'est pas aussi entièrement absolue que le premier et le troisième cercle.

Ce cercle, ou en tout cas une de ses versions, est connu sous le nom d'*umyang* en coréen. Les Occidentaux sont généralement plus familiers avec les mots chinois *yin* et *yang*. Yin signifie *obscurité* et yang *lumière*. Ces termes symbolisent l'idée que la réalité absolue consiste en des opposés en harmonie. Vous pouvez trouver cette idée également dans le taoïsme et dans le confucianisme. Elle apparaît aussi dans d'autres religions et philosophies et constitue un bon symbole pour le Dualisme.

Il n'est pas difficile de comprendre comment cette vision de la réalité a pu voir le jour. Si nous considérons le monde, notre expérience quotidienne nous montrera bien des oppositions : clair – sombre, chaud – froid, dur – mou, plaisir – souffrance, aiguisé – émoussé, haut – bas, sucré – amer, mouillé – sec, mâle – femelle. L'idée derrière le Dualisme est que la vie est bonne lorsque les opposés sont bien équilibrés ou en harmonie les uns avec les autres, mais nous souffrons lorsqu'il y a déséquilibre ou disharmonie.

Par exemple, si le temps est trop sec, nous souffrons. S'il est trop humide, nous souffrons. Si votre personnalité est trop sociable, vous souffrez. Si vous êtes trop réservé, vous souffrez. Si nous souffrons à cause des déséquilibres, alors la voie au salut, selon le deuxième cercle, se trouve dans le rétablissement de l'équilibre. La perfection originelle est un équilibre parfait ou une harmonie d'opposés égaux.

Au cours de son histoire, la vision du monde du dualiste a produit de nombreuses thérapies et pratiques pour parvenir à un équilibre dans différents domaines de la vie, tels que le comportement, la famille et la société, entre le passé et le présent. La vénération des ancêtres est un exemple de ce dernier point. L'harmonie est réalisée lorsque des personnes qui vivent aujourd'hui rendent hommage à des personnes décédées, qui existaient dans le passé. Une harmonie semblable peut être atteinte lorsque de jeunes gens, qui vivent plus exclusivement dans le présent, honorent des personnes âgées, qui vivent plutôt dans le passé. Bien que des personnes plus jeunes soient plus fortes que des personnes âgées, l'équilibre entre les deux est rétabli par le respect – le plus fort honore le plus faible. Ce genre de stratégie peut ne pas toujours fonctionner parfaitement, mais peut amener de l'ordre dans la société.

Le Dualisme a également influencé des approches de l'architecture et de la décoration d'intérieur au travers d'un système esthétique connu sous le nom de *feng shui*. Afin d'apporter de l'harmonie à votre salon, vous pourriez y placer un tapis plus sombre pour favoriser l'énergie yin et avoir des murs lumineux pour favoriser l'énergie yang. Le résultat complet serait d'équilibrer les énergies opposées et aussi d'apporter un plus grand bien-être aux personnes qui passeraient du temps dans cette pièce.

La plupart des stratégies et techniques thérapeutiques du second cercle sont sans doute efficaces jusqu'à un certain point. Elles rendent la vie meilleure. Elles diminuent la souffrance. Elles permettent aussi différentes approches lors de problèmes de santé. En Occident, notre soin à la santé est typiquement fondé sur la médication et les opérations chirurgicales. Cette forme de traitement *s'oppose* en général à quelque chose – à la fièvre, à l'infection, aux tumeurs, et ainsi de suite. En Orient, le soin à la santé est souvent diététique et lié à l'environnement et il essaie d'apporter, à notre corps et à son environnement, différents éléments indispensables qui s'harmonisent et s'équilibrent les uns avec les autres.

Les services de santé en Occident se concentrent sur la résolution des problèmes ; en Orient, ils cherchent à prévenir les problèmes. Ces deux approches peuvent être efficaces – les Asiatiques ne vivent pas moins longtemps ou n'ont pas des vies moins saines que les Occidentaux – quoique parfois les méthodes utilisées en Orient puissent sembler étranges ou douteuses aux personnes qui n'y sont pas habituées. Il pourrait sans doute être raisonnable, dans certains cas, d'allier la sagesse de l'Orient à celle de l'Occident, malgré la grande méfiance entre les gens ayant différentes visions du monde.

En 1975, pendant une courte période, j'ai rejoint une communauté macrobiotique de Boston. Cette communauté s'efforçait de trouver la santé et le bien-être en se nourrissant d'une manière équilibrée d'aliments yin et d'aliments yang. Le côté yin des choses comprend le mou, le sombre, le doux, l'aimable et le féminin. Le côté yang inclut le dur, le clair, l'amer, le strict et le masculin. L'alimentation de la plupart des gens est beaucoup trop yin mettant l'accent sur le sucre, la graisse, la crème et l'alcool. Afin d'apporter un équilibre, il faudrait manger plus d'aliments yang, comme le riz complet, les radis noirs, la verdure et les algues. D'une certaine manière, je craignais toujours d'arriver à une réunion avec une haleine de sundae à la sauce au chocolat. Les personnes qui se réunissaient là me dirent que leur fondateur tomba malade lorsqu'il devint âgé. Après avoir longuement réfléchi à diverses éventualités, il en conclut que son système était trop yang, ce dont personne n'avait jamais entendu parler. Ainsi, il opta essentiellement pour un régime strict composé de whiskey et de glaces, ce qui sembla avoir aidé. On doit bien faire avec les choses inattendues et surprenantes de la vie plutôt que de les ignorer.

La pensée dualiste a eu une grande influence sur l'art, la culture, la philosophie et sur la politique. Pensons à la base dualiste de la dialectique hégélienne/marxiste avec ses thèses et antithèses qui suscitent une dynamique à travers la révolution pour avancer vers le but, ou la synthèse, du communisme. Ces idées ont été mises en pratique, à une très large échelle, durant plusieurs décennies, mais en fin de compte se montrèrent, à la fin du 20e siècle, impraticables. Il me semble que le communisme est un phénomène très religieux, dans ce sens qu'il nécessite la foi en la vision du prophète (Marx, Lénine, Mao, Staline). Nous pouvons connaître la direction que le dynamisme de la révolution prendra uniquement au travers de la vision sacerdotale ou prophétique du prophète. Les visions des prophètes communistes se sont révélées ne pas concorder avec la réalité.

On trouve de nombreux exemples artistiques dans la vision du monde dualiste. Un des exemples les plus connus au cinéma est la série *La Guerre des Etoiles* qui comprend un conflit entre les forces de la lumière, symbolisées dans les films originaux par Luke Skywalker, et les forces des ténèbres, symbolisées par Darth Vader. La solution et la résolution de la tension entre ces deux éléments contraires est la Force, ou une énergie universelle qui est à la source de toute chose et qui inclut un côté lumineux et un côté obscur. Cependant, il y a un problème concernant la Force comme principe entièrement unificateur, car à la fin de *La Guerre des Etoiles* la lumière triomphe des ténèbres. En d'autres mots, bien que la vision du monde de ces films soit dualiste, la conclusion ne l'est pas.

Même si le Dualisme a été présent à travers notre histoire et a abouti à quelques applications pratiques se rapportant à la santé et à une vie plus équilibrée, il y a quelques difficultés avec le deuxième cercle. Un des problèmes est qu'il ne semble pas être vraiment absolu. Quel est le contraire d'une rivière ? Un désert est très différent d'une rivière, mais est-ce son contraire ? Quel est le contraire du temps ? Est-ce le temps qui avance à reculons ? Est-ce l'éternité ? Il existe de nombreuses différences, mais toute chose n'a pas un contraire évident. En quelque sorte, cet absolu pourrait ne pas en être véritablement un. Il laisse certaines choses de côté, ce qui fait que je commence à douter du Dualisme comme théorie adéquate de la réalité.

Un autre problème est que si le deuxième cercle est vraiment absolu, alors il doit inclure toute chose. Il doit inclure la bonté et la cruauté, le bien et le mal. Cependant, si le bien et le mal doivent être mis en équilibre, alors l'un ou l'autre ne peut jamais avoir la victoire, car au moment même de la victoire, un déséquilibre se crée. Ici, le but est l'harmonie, non pas la victoire.

La tradition occidentale a longtemps défendu l'idée que le bien et le mal ne sont pas des opposés égaux. Au commencement, il y avait le bien, et dans le contexte originel du bien, le mal est apparu. Dans cette vision, le mal ne peut pas exister sans le bien, mais le bien peut exister sans le mal. La plupart des gens espèrent que le bien triomphe du mal, que la bonté triomphe de la cruauté, que l'amour surmonte la haine. Mais la vision du monde dualiste ne permet pas cela.

Un dernier problème lié au deuxième cercle est que l'harmonie des opposés, si elle est vraiment parfaite et absolue, doit être statique. Rien ne bouge. Si quelque chose change, la perfection est détruite. Quand c'est parfait, c'est absolument immobile, et lorsque tout est absolument immobile, nous retrouvons en fait le Monisme – c'est une unité. Le deuxième cercle se révèle être le premier cercle plutôt que d'être une vision du monde totalement distincte et séparée.

LE TROISIÈME CERCLE

Le Trinitarisme

Nous pouvons explorer le troisième cercle, le Trinitarisme, en utilisant deux approches. La première approche consiste à regarder autour de soi, à la réalité de tous les jours et à se demander quelle pourrait bien être son origine. La deuxième consiste à employer l'une des sources fondamentales de la vision du monde de l'Occident, la Bible, pour voir ce qu'elle dit de la réalité.

La première approche s'appelle la théologie *naturelle*. Elle comprend les éléments que nous découvrons au travers de notre observation quotidienne et par la science. La deuxième, la théologie *révélée*, nous parle de choses concernant la réalité que nous ne pouvons pas saisir sur la seule base de notre observation quotidienne ni par la science.

Malheureusement, ces deux approches sont souvent perçues comme étant en concurrence l'une avec l'autre. Certaines personnes, d'un côté, insistent sur le fait que nous ne pouvons comprendre la réalité que par notre observation et les raisonnements systématiques qui s'ensuivent. A l'extrême opposé se trouvent des personnes profondément méfiantes à l'égard de la science et qui dépendent presque exclusivement de la Bible. Il me semble que les deux approches, si on les comprend correctement, se complètent l'une l'autre. Considérées ensemble, elles nous aident à enrichir notre perception de la réalité et c'est pour cette raison que je les utiliserai toutes les deux pour explorer le troisième cercle.

Le Problème des Contraires

Selon le troisième cercle, lorsque nous regardons le monde qui nous entoure, nous observons à la fois l'unité et la diversité. Dans ce sens, nous sommes semblables aux personnes du premier cercle. Mais alors que les personnes du premier cercle arrivent à la conclusion que l'unité est bonne et que la diversité est mauvaise et que l'unité est réelle et que la diversité est une illusion, les personnes du troisième cercle ont une vision différente. Ils considèrent la perfection originelle, que l'on nomme Dieu, comme étant parfaitement une et parfaitement diverse.

Nous trouvons une description claire de cette réalité dans la Bible. Dieu est parfaitement unifié étant un Dieu. Cependant, Dieu est également parfaitement divers étant trois personnes : le Père, le Fils et le Saint-Esprit. La réalité absolue comporte à la fois l'unité et la diversité. Il ne s'agit pas d'un Dieu unique qui choisirait de se révéler de trois manières différentes dans le but de créer une illusion de diversité. Il ne s'agit pas non plus de trois personnes qui choisiraient de s'unir et de collaborer dans le but de créer l'illusion d'être unies. La réalité originelle est 100% une et 100% diverse. C'est une réalité à 200% qui ne peut pas être comprise par un simple raisonnement logique.

Voici un proverbe que j'ai inventé pour saisir l'essence de cette réalité : *Dieu seul est Dieu, et Dieu n'est pas seul.* On ne peut faire cette déclaration à propos d'aucun autre Dieu ou perfection originelle. On peut dire *Bouddha seul est Bouddha*, mais c'est tout. Le reste est silence total. On peut dire *Krishna seul est Krishna* et *Allah seul est Allah*, mais, à nouveau, c'est le silence total. Si le Dieu du troisième cercle veut parler à quelqu'un, Il peut parler au sein de Lui-même car Il est trois personnes. Un Dieu qui ne serait pas multiple ne pourrait pas parler au sein de Lui-même. Il devrait créer quelque chose d'autre avec qui parler. Il aurait besoin d'une création pour être personnel, tandis que le Dieu du troisième cercle est intrinsèquement personnel, indépendamment de sa création. Sa création ne le complète pas, mais bien plutôt parle de Lui.

Si la perfection originelle est tout à la fois une et diverse, cela signifie qu'expérimenter l'unité dans la réalité ne devrait pas nous poser de problème, et lorsque nous expérimentons la diversité dans la réalité, cela ne devrait pas non plus nous poser de problème. En d'autres termes, contrairement au Monisme, le troisième cercle ne considère pas la diversité comme étant la cause de la souffrance. Il ne voit pas non plus la solution au problème de la souffrance dans le détachement de la diversité. De plus, contrairement au Dualisme, le troisième cercle n'essaie pas de trouver une solution au problème de la souffrance en équilibrant les contraires. Au lieu de cela, le troisième cercle considère le changement et les différences comme faisant partie de la perfection originelle, et par conséquent, comme faisant normalement partie de la réalité elle-même.

En plus de l'unité et la diversité, nous observons d'autres manières où la création divine manifeste une réalité à 200%. Par exemple, une des images qu'utilise la Bible pour exprimer la réalité est le mariage. Nous voyons cette réalité tout au début de la Bible dans le livre de la Genèse lorsque Dieu unit Adam et Eve. Et nous le voyons à nouveau à la fin de la Bible, dans le livre de l'Apocalypse qui nous décrit le festin des noces de l'Agneau. Selon vous, le mariage est-il plutôt masculin ou plutôt féminin ? La plupart des gens diraient que c'est à égalité. Parlons-nous alors d'un 50% – 50% ? Non, car si vous enlevez la femme, il ne vous reste pas une moitié de mariage. Il ne vous reste rien. Le mariage est constitué de 100% la femme et de 100% l'homme. C'est une réalité nouvelle, une réalité à 200% qui inclut d'autres dimensions et une part de mystère.

Cela peut nous paraître bizarre, mais les Hébreux pensaient différemment des gens issus du siècle des Lumières ainsi que de la plupart des gens aujourd'hui. Nous avons tendance à concevoir la réalité en termes de diagrammes circulaires où le tout peut être divisé en parts distinctes qui s'additionnent pour atteindre le 100%. Nous pouvons peut-être diviser cette réalité en parts d'unité et de diversité, ou nous pouvons la diviser en termes d'autres oppositions « difficiles » telles que l'objectivité et la subjectivité ou la prédestination et le libre arbitre. Mais un graphique de ce type ne donnera jamais une solution stable à ce genre d'oppositions. Par exemple, dans le cas de la prédestination et du libre arbitre, est-ce Dieu qui me choisit ou est-ce moi qui choisis Dieu ? Je pourrais couper le graphique en deux parts égales de 50% – 50%, mais il me semble incorrect de me placer sur un plan d'égalité avec Dieu. Alors, peut-être devrais-je proposer une part de 51% pour Dieu et de 49% pour moi ? Ou encore, présenter un graphique avec une part de 99% pour Dieu et 1% pour moi, ou peut-être même de 100% pour Dieu et de 0% pour moi, ou de 100% pour moi et Dieu serait en vacances déistes ? Évidemment, aucune de ces réponses n'est réellement satisfaisante. Ce graphique ne fonctionne pas. Le troisième cercle considère Dieu comme étant 100% souverain et les êtres humains comme étant 100% responsables. La souveraineté de Dieu et le libre arbitre des gens sont les deux tout à fait réels. Dans cette complémentarité mystérieuse, Calvin et Arminius s'embrassent.

On peut aussi envisager le troisième cercle en termes géométriques physiques. Pensez à la souveraineté de Dieu comme étant le 100% d'un plan à deux dimensions et pensez au libre arbitre comme étant le 100% d'un autre plan également à deux dimensions. Si vous placez ces deux disques plats de façon à ce qu'ils s'entrecroisent, comme dans l'image ci-dessous, vous créez une troisième dimension qui inclut les deux éléments dans une réalité complémentaire tridimensionnelle.

Il n'y a pas de concurrence ou de contradiction des opposés à l'intérieur de cette intersection. Ils s'imbriquent en une seule réalité complémentaire. Il me semble cohérent qu'un Dieu comprenant trois personnes devrait créer une réalité qui comprend au moins trois dimensions.

Humpty Dumpty

Si vous trouvez l'illustration des trois dimensions trop rigide et géométrique, on peut aussi exprimer ces choses au moyen du personnage d'*Humpty Dumpty*. Connaissez-vous Humpty Dumpty ? Il s'agit d'un œuf anglais. Je ne sais pas si c'était un œuf bon ou un œuf mauvais, mais il était certainement un œuf bien profond. Humpty Dumpty représente chacun d'entre nous. La comptine nous présente Humpty Dumpty assis sur un mur. Tout mur a deux côtés. Il y a le côté objectif et le côté subjectif. Il y a le côté de la prédestination et celui du libre arbitre, ainsi que bien d'autres contraires qui font la réalité. Humpty Dumpty tomba du mur, mais de quel côté tomba-t-il ? Du côté de l'objectivité ou du côté de la subjectivité ? Du côté de la prédestination ou du côté du libre arbitre ? Nous n'en savons rien et cela n'a pas d'importance. Il est tombé. Et si vous tombez d'un côté ou de l'autre de ces divisions, c'est un désastre, car vous avez besoin des deux côtés pour avoir la réalité. Si vous tombez d'un côté, vous êtes morts parce que vous n'avez qu'une moitié de la réalité.

Ainsi, Humpty Dumpty tomba – on le trouva là, pauvre œuf, fracassé et éclaboussé sur le sol.

Vous souvenez-vous comment va le poème ?

> Humpty Dumpty sur un muret perché
> Humpty Dumpty par terre s'est écrasé
> Ni les sujets du Roi, ni ses chevaux
> Ne purent jamais recoller les morceaux.

Bonne nuit les enfants ! Faites de beaux rêves ! Nous rions, mais c'est affreux, n'est-ce pas ? Bien des comptines sont sinistres, sans doute parce que la vie des enfants peut être si dure. Ces petites chansons sont assez profondes. Cependant, selon le troisième cercle, un vers manque à la comptine *Humpty Dumpty*. Le poème contient une cinquième ligne, ligne qui le transformera en un poème glorieux et plein d'espoir. Cette ligne, la voici :

> Mais le Roi en fut capable.

Les chevaux du roi ni ses sujets ne purent le faire, mais le roi en fut capable. Les pasteurs, et les missionnaires, et les évangélistes, et les savants n'en furent pas capables, mais le roi le fut. Le roi, c'est le Dieu du troisième cercle. C'est Lui la solution à la cause de la souffrance.

Alors, comment le fait-Il donc ?

Tomber amoureux sur un Pont

Avant de pouvoir pleinement comprendre la solution à la cause de la souffrance, nous avons besoin d'approfondir le troisième cercle. Poussons un peu plus loin notre exploration de l'objectivité et de la subjectivité, car ce sont des idées vraiment courantes dans la réalité quotidienne. Pendant des siècles, les gens ont discuté pour savoir laquelle est la plus vraie. Tout au long de l'histoire européenne, les savants (notamment ceux des Lumières) croyaient en une vérité objective, tandis que les artistes, eux, croyaient en une vérité subjective. De nos jours, les modernes croient en une vérité objective et les postmodernes se rapprochent plutôt d'une vérité subjective.

Cependant, comme je l'ai déjà suggéré, l'objectif et le subjectif ne peuvent pas vraiment être séparés l'un de l'autre. Prenez un bureau. Lorsque j'observe mon bureau, je vois quatre pieds et je vois une certaine taille et une certaine forme. Si vous observez mon bureau, vous serez très certainement d'accord quant à la taille et à la forme et quant au nombre de pieds, à moins que vous le regardiez à partir d'un angle différent et ne puissiez voir que deux ou trois pieds. Si chacun d'entre nous prenait une règle et mesurait de son côté les différentes parties du bureau, nos mesures (en supposant que nous soyons attentifs et soigneux) devraient être parfaitement identiques. Mais chacun de nous voit également le bureau de manière subjective. Lorsque je vois mon bureau, je vois celui de mon professeur de chimie au gymnase, et je vois le professeur de chimie lui-même, M. Corbett, debout derrière. Mais vous ne pouvez pas le voir. Cela vous est impossible. En présence de mon bureau, je vois les quatre pieds et M. Corbett et tout cela fait partie de la réalité. Ma perception et mes souvenirs n'ont pas un caractère objectif, mais ils sont vrais – ils ne sont pas vrais objectivement, mais vrais subjectivement. Ils ne sont pas faux.

Nous discutons souvent pour savoir quelle partie de la réalité est vraie. Je ne crois pas en une vérité objective, mais je ne crois pas non plus en une vérité subjective. Je crois que toute vérité est à la fois objective et subjective. Une autre façon de dire cela est que nous avons une vérité exacte, qui est objective, et nous avons une vérité non exacte qui est, elle, subjective. Les deux appartiennent ensemble de manière complémentaire à la réalité. Si vous voulez construire un pont, il vous faut aborder sa réalisation de manière objective en prenant des mesures physiques précises à chaque étape du processus de construction. Si vous faites cela, vous aurez alors, au final, un réel pont. Mais vous ne pouvez pas tomber amoureux avec exactitude. Le processus est chaotique. Mais une relation d'amour n'est pas pour autant fausse. Elle n'est pas non plus objective. L'objectivité du pont est la même pour tout le monde, mais la subjectivité de tomber amoureux est unique et exclusive. Une expérience complète de la vérité pourrait être de tomber amoureux sur un pont.

D'une manière semblable, la Bible comprend deux genres de vérité. L'une est une vérité exacte, l'autre est une vérité non exacte. Lorsque la Bible nous donne des faits historiques, il s'agit d'une vérité exacte. Vous pouvez les tester et faire des recherches à leur sujet. Les paraboles de Jésus, cependant, ne sont pas exactes. Vous ne pouvez pas rechercher le nom du fils prodigue, car il n'a jamais existé de manière factuelle. Les paraboles ne sont pas factuellement exactes, mais elles sont profondément vraies comme des fenêtres et des portes permettant une perception subjective reflétant la réalité. Les gens peuvent saisir la vérité des paraboles d'une manière unique à partir de n'importe quel point de vue ou ensemble de circonstances.

Une autre façon d'exprimer un concept complet de la vérité est de dire : le fait plus le sens égalent la Vérité. Le fait est objectif et le sens est subjectif. Lorsque je travaille avec des étudiants sur divers sujets, ils me demandent souvent : « Qu'est-ce que cela signifie ? » Ils font des yeux tout ronds lorsque je leur demande : « Quel est le sens du mot *sens* ? »

Au niveau le plus fondamental, le mot *sens* signifie être en relation. Il y a un fait, et il y a la relation de ce fait à d'autres faits ; et cette relation est le sens. Un fait n'a pas de sens s'il est isolé. La couleur rouge n'a pas de sens en elle-même. Elle a seulement un sens dans sa relation au bleu ou au vert ou au jaune. De la même manière, vous n'avez pas de sens en vous-même, mais seulement dans votre relation à votre environnement et aux autres gens.

Adam, selon le récit biblique de la création, n'avait pas de sens en lui-même. Lorsque Dieu créa Adam, Il dit : *Il n'est pas bon que l'homme soit seul.* Adam était alors seulement un fait, seulement objectif, car son point de vue était le seul dans la création. La vraie subjectivité exige plus qu'un seul point de vue. Dieu créa Eve, et alors c'était bon. Il y avait de la subjectivité dans la création – tout comme il y en a dans le Créateur – comme une conséquence à la relation.

Nous voyons une expression semblable de sens en Dieu. Dans la perfection originelle du troisième cercle il y a trois personnes, et les personnes n'ont pas de sens en elles-mêmes. Le sens de Jésus n'est pas en Jésus. Le sens de Jésus est dans Sa relation avec le Père et le Saint-Esprit. La même chose est vraie avec les deux autres – leur sens se trouve dans leur relation avec chacune des autres personnes. Ils se voient aussi l'un et l'autre d'un point de vue différent. Le Fils, par exemple, voit le Père d'un point de vue différent que ne le fait le Saint-Esprit. Ce qu'ils voient varie légèrement de l'un à l'autre, mais chacun d'entre eux voit parfaitement. Ces différences sont une grande libération. Cela signifie que nous n'avons pas besoin d'être les clones les uns des autres. Nous n'avons pas besoin d'avoir les mêmes goûts. Il peut y avoir des différences réelles de points de vue et de réactions. La différence de perspective fait partie de la réalité absolue, de la perfection originelle.

Lorsque nous découvrons que telle est la perfection originelle – un vrai Dieu qui est à la fois objectif et subjectif – alors nous ne devrions pas être surpris d'expérimenter objectivité et subjectivité dans notre réalité. Nous ne devrions pas non plus penser que l'une d'entre elles est la cause de la souffrance. Mais nous le pensons souvent. Un artiste pourrait penser que la vérité objective ne comporte aucune liberté et est la cause de la souffrance. Un savant pourrait rétorquer que la subjectivité n'a pas de forme stable ou fiable et que, par conséquent, elle est la cause de la souffrance. La Bible décrit une vérité absolue qui est objectivement un Dieu et subjectivement trois personnes. Objectivité et subjectivité appartiennent l'une à l'autre dans la réalité. Leur relation n'est pas concurrentielle mais complémentaire.

Défions la Gravité

Nous observons dans le monde un autre couple d'opposés : la liberté et la forme. La gravité en est une bonne illustration. La gravité est une des formes ou structures de base de la réalité, mais elle nous permet une certaine liberté. S'il n'y avait pas de gravité et que je commençais à marcher, je flotterais et tournoierais et bientôt je serais mort. La forme, ou la structure est nécessaire. Laissez-moi formuler une équation pour exprimer cette idée :

$$\text{liberté totale} = \text{mort}$$

Il n'y a rien de postmoderne à cette équation. Le postmodernisme, comme il est normalement compris et pratiqué dans la culture occidentale, considère la liberté comme la plus haute valeur et voit l'amusement et le divertissement comme les buts de la liberté. Mais la liberté ne peut pas avoir de grande valeur ou produire la vie à moins d'être associée à la forme. Si vous désirez être totalement libre de voler, vous pouvez grimper au sommet d'un immeuble et sauter. Vous pouvez crier : « Je suis libre ! » Mais vous ne serez pas libre, vous serez mort parce que vous n'aurez pas respecté la forme. Mais si vous étudiez les différentes formes de la réalité – les lois et les propriétés qui lui donnent structure et forme, telles que la gravité, l'aérodynamique, la thermodynamique, la métallurgie, la propulsion par réaction, la tension physique, le couple, et ainsi de suite – alors vous serez à même de construire un avion et de traverser l'océan en volant. C'est une grande liberté, mais cette liberté est entièrement liée à la forme. La liberté et la forme ne sont pas indépendantes l'une de l'autre dans la réalité. A nouveau nous voyons que leur rapport est complémentaire plutôt que concurrentiel.

Qu'en est-il de Dieu ? Les trois personnes de Dieu Lui donnent des formes particulières. Les personnes n'ont pas la même forme. La forme du Père est de commander et d'envoyer. La forme du Fils est d'obéir et d'aller là où le Père l'a envoyé. D'une certaine manière leurs formes sont opposées, mais toutes les deux sont Dieu. La forme du Saint-Esprit est de planer au-dessus de la création, de souffler comme un vent, de faire sa demeure, d'enseigner et de rendre les humains capables de faire Sa volonté. Lorsque chacune de ces personnes est fidèle à Sa forme, elle est également libre d'être Dieu. Mais si l'une d'entre elles n'était pas fidèle à Sa forme, alors la création serait détruite, car elle est dépendante de la forme du Créateur. Si le Créateur n'est pas fidèle à Son propre caractère, le fondement de la création disparaît. Tant la liberté que la forme de Dieu sont éternelles. Elles doivent être toutes les deux constantes par Son choix continuel.

Pour cette raison, Dieu en étant ce qu'Il est, n'agit pas de manière mécanique. Il choisit d'être fidèle à Ses formes et cela Lui coûte. La manière la plus claire de comprendre ce que cela Lui a coûté est de considérer le Jardin de Gethsémané. Jésus, demeurant fidèle à la forme de Sa promesse, est entré dans la création dans le but de mourir pour elle et par ce moyen de la sauver. Le moment approche de faire cela et Il se rend compte qu'Il ne veut pas le faire. Il prie le Père en disant : *S'il te plaît, si cela peut se faire autrement, qu'il en soit ainsi.* Alors qu'Il prie, le sang sort de Sa peau et s'écoule sur le sol. Il expérimente à ce moment-là une tension énorme. Qu'est-ce que cela veut dire ?

Cela signifie qu'à ce moment-là Il lutte. Il n'agit pas mécaniquement. Il est Dieu, travaillant, servant, donnant, priant afin d'être Lui-même, pour Lui-même et pour nous. Il n'y a pas d'autre Dieu comme Lui. Si la forme et la liberté font partie de la perfection originelle, alors elles ne sont pas la cause de la souffrance. En d'autres mots, bien que nous puissions souffrir dans le contexte des divers degrés de liberté dans la vie ou des divers degrés de forme, nous ne trouverons pas le salut simplement en nous débarrassant de toute forme ou structure ou en nous focalisant seulement sur la liberté et ce qu'elle offre. Nos vies ont besoin de forme et de liberté car elles font aussi partie de la perfection originelle.

Changement, Temps, Eternité

Le *dynamisme* est un autre aspect du troisième cercle. Le dynamisme signifie que les choses ne sont pas statiques. Elles se modifient dans leurs relations les unes avec les autres. La réalité comprend un avant, un pendant et un après. Dans la première épître de Pierre, il nous est dit qu'avant la création du monde, le Fils a été choisi par le Père pour venir dans le monde et le sauver. En d'autres mots – avant l'existence de l'espace et du temps – il y avait : avant le choix du Père, pendant le choix du Père et après le choix du Père.

Le dynamisme se passe en deux matrices de séquence. J'utilise le mot *matrice* dans le même sens que dans le film *Matrix* – un environnement ou un contexte dans lequel des choses se produisent. « L'eau est la matrice du thé » signifie que le thé se produit dans l'eau. « L'espace cybernétique est la matrice du courrier électronique » signifie que le courrier électronique a lieu dans l'espace cybernétique. « La matrice de la séquence *dans l'espace* n'est autre que le temps » signifie que tout ce qui se passe, se passe dans le temps. « La matrice de la séquence *hors de l'espace* », c'est l'éternité. Bien des gens pensent que l'éternité est le temps à l'infini, mais la Bible ne la décrit pas ainsi. L'éternité est une matrice de séquence distincte dans laquelle chaque point du temps correspond à chaque point d'éternité. Ce qui rend la prophétie possible. Dieu demeure dans l'éternité et à partir de chaque point de la matrice dynamique de l'éternité, la totalité du temps est présente.

Cette vision de la réalité absolue est différente de ce que nous observons dans le Monisme et dans le Dualisme. Le Monisme considère le dynamisme comme illusoire et irréel. Le Dualisme voit la perfection originelle comme étant l'harmonie des opposés, qui, si elle est absolue et parfaite, doit être statique et sans le moindre changement. Du point de vue zen, on dirait plutôt : *J'entre dans l'eau et je ne fais aucune ride, parce que tout est toujours pareil.* Il n'y a aucun mouvement.

Le troisième cercle considère le dynamisme comme un élément réel et non illusoire de la réalité absolue. Dieu est dynamique et Sa création est dynamique. Pour cette raison, le dynamisme ne peut être considéré comme la cause de la souffrance.

Moi et Nous

Un autre élément important appartenant au troisième cercle, et sur lequel les chrétiens mettent volontiers l'accent, est le fait que Dieu est un Dieu *personnel*. Je suis entièrement d'accord avec cette affirmation, mais Dieu n'est pas un Dieu personnel parce que je crois personnellement en Lui. Il n'est pas un Dieu personnel parce que j'ai une relation personnelle avec Lui. Dieu était un Dieu personnel avant que je naisse. Le fait qu'Il soit personnel est complètement indépendant de la création, et provient du fait qu'il y a trois personnes en relation les unes avec les autres.

A cet égard, la nature de Dieu nous révèle quelque chose sur la façon dont nous devons comprendre la personnalité. La plupart des modèles psychologiques nous présentent la personnalité comme étant une description de l'individu. L'église moderne a adopté ce modèle qui parfois définit les gens en termes de corps, d'âme et d'esprit. Le problème avec cette idée est qu'elle est centrée uniquement sur l'individu tandis que la description biblique de la personne insiste premièrement sur la notion de relation. Nous observons cette réalité dans la nature même de Dieu. En effet, Il est trois personnes distinctes en relation les unes avec les autres. Nous voyons cela également au commencement de la création lorsque Dieu créa les êtres humains à Son image. Lorsqu'Adam était encore seul – lorsqu'il était conscient de lui-même, de son environnement et du fait qu'il nommait les animaux – il n'était pas encore personnel parce qu'il n'avait pas de relation dans la création. Il pouvait avoir une relation avec Dieu qui était en dehors de la création, mais, au sein de la création, l'image de Dieu n'était pas complète jusqu'à ce que le *nous* prenne la place du *je* ou du *moi*. L'image de Dieu est le *nous* fondé sur des relations. De même, dans une relation juste de l'homme et de la femme comme Dieu l'a prévue à l'origine, il y a une troisième personne – un enfant. Dieu est trois personnes et Son image se manifeste dans des ensembles de trois personnes.

L'accent mis sur la relation ne signifie pas que l'individu n'a pas d'importance ou que l'identité individuelle est d'une certaine manière perdue. L'individualité est entièrement conservée, mais comprise premièrement et tout d'abord dans le contexte du rapport relationnel. La personnalité est une prise de conscience de soi-même mise en rapport avec d'autres prises de conscience semblables. Cela peut s'avérer pénible d'accepter cette vision de la personne. Elle semble mettre les choses dans le mauvais ordre. Beaucoup d'entre nous préféreraient nous définir d'abord par notre identité et nos caractéristiques personnelles et seulement ensuite par nos relations. Dans les premiers versets de l'Evangile de Jean, nous lisons :

Au commencement était la Parole, et la Parole était ...
Comment se termine le verset ?

Les personnes qui ne connaissent pas le verset s'attendent à lire ensuite :
... et la Parole était Dieu.

Mais il ne dit pas cela. Il dit :
... et la Parole était avec Dieu, et la Parole était Dieu.

La relation vient en premier, puis l'identité.
La relation précède l'identité.

Il te faut bien servir Quelqu'un

Si la relation fait partie de la réalité absolue, alors elle ne peut être la cause de la souffrance. La relation est accompagnée de quelques autres éléments. L'un d'eux est la hiérarchie. La hiérarchie se rapporte à des relations d'autorité. Cela signifie que des individus exercent une autorité dans certaines circonstances – ont le pouvoir et la responsabilité de définir la réalité – alors que d'autres personnes sont placées sous une autorité. Dans notre culture, l'idée de hiérarchie met les gens mal à l'aise. Elle est politiquement incorrecte. Du point de vue biblique, cependant, la hiérarchie est une part de la nature divine et doit ainsi faire partie de la réalité elle-même.

Un exemple de hiérarchie est la relation entre parents et enfants. Les parents ont autorité sur les petits enfants. Ils ont l'autorité pour décider de l'heure du coucher et du régime alimentaire, et pour décider de jouer dans le jardin plutôt que dans la rue. Afin de survivre, les petits enfants ont besoin de cette autorité pour décrire la réalité pour eux. Ils ne peuvent pas décrire de manière adéquate la réalité pour eux-mêmes. Maintenant, qui est le plus humain dans cette relation, les parents ou les enfants ? Vous direz, bien sûr, qu'ils sont pareillement humains. Mais dans d'autres relations vous pourriez avoir des doutes. Si vous avez un patron et un employé, lequel est le plus humain ? Si vous avez d'un côté des personnes qui sont belles et qui ont du succès et de l'autre des personnes qui laides et en échec, qui est plus humain ? Si vous avez des personnes riches et des personnes pauvres, qui est plus humain ? Nous sommes troublés par cela. Nous croyons que dans des relations fondées sur la hiérarchie, certaines personnes sont plus réelles et ont plus de valeur que d'autres. Cependant, cette idée appartient à la culture d'un monde déchu. Elle appartient à l'église d'un monde déchu. Dieu ne désire pas que nous ayons de telles pensées.

La hiérarchie n'implique pas d'inégalité de valeur ou d'importance. En Dieu, le Père commande et le Fils obéit et Ils sont également Dieu. Le Fils n'est pas un apprenti dieu dans l'attente de Son diplôme. Il n'est pas un dieu étudiant dans l'attente de terminer Ses études. Il est pleinement et éternellement Dieu et Il obéit. Cette manière de voir Dieu entre en conflit avec la culture actuelle parce que nous croyons que nous sommes plus pleinement humains et plus vivants lorsque nous commandons et moins humains lorsque nous obéissons. Cela ne peut pas être vrai si nous sommes faits à l'image de Dieu. Obéir est tout autant divin que commander et, ainsi, obéir est tout aussi humain que commander. La hiérarchie et l'autorité sont malheureusement très mal employées et cet abus est la cause d'énormes souffrances. Cependant, si une telle hiérarchie fait partie de Dieu, alors elle ne peut pas être en elle-même la cause de la souffrance. Bob Dylan avait bien compris cela lorsqu'il dit : *Il te faut bien servir quelqu'un.*

La Bible décrit cinq types basiques de relations d'autorité. Il y a les maris et les femmes, les parents et les enfants, les maîtres et les esclaves (ou employeurs et employés dans notre contexte contemporain), l'Etat et les citoyens et les anciens et les membres des églises. Cela recouvre la plupart des principales hiérarchies de la vie sociale. Nous voyons dans la Bible que c'est Dieu qui nous a donné de telles relations et que ces relations sont bonnes. Mais elles fonctionnent mal. Nous éprouvons de la souffrance dans chacune de ces relations. Elles sont difficiles et compliquées. Parfois, lorsque nous voyons qu'une relation ne va pas bien, nous pensons que la solution est d'éliminer la relation. Dans le monde occidental, nous trouvons que le mariage pose problème. Beaucoup de gens pensent qu'ils peuvent résoudre ce problème en ne se mariant pas. Mais je ne pense pas que cela sera une solution, car cette relation est donnée par Dieu.

Cela n'aide pas de prétendre que se marier offre une solution toute faite. Le mariage exige du travail afin d'y créer une relation d'amour et de soutien mutuels. Nous devons également être attentifs à ne pas prétendre que le mari, qui détient l'autorité, a plus de valeur et est donc plus réel que la femme. Nous ne devons pas prétendre que détenir l'autorité justifie tout abus de pouvoir. La Bible ne nous donne pas cette image. C.S. Lewis a écrit un livre intitulé *Les Quatre Amours*. Il nous dit la chose suivante : le mari et père dans une famille devrait porter une couronne, mais elle devrait être une couronne d'épines. Je pense que c'est une bonne image. Il porte une couronne et il saigne. Il souffre. Il porte le poids. C'est un équilibre intéressant, n'est-ce pas ? Si nous considérons ce que dit la Bible, nous voyons que Paul enseigne que le mari doit être semblable à Christ envers sa femme, ce qui signifie qu'il devrait mourir afin de la rendre belle. C'est une image extrême qui n'est pas politiquement correcte. Cette image ne convient pas à notre monde. Elle semble complètement absurde. Mais c'est ce que nous enseigne la Bible. Il y a un conflit entre ce que la Bible nous dit et le monde dans lequel nous vivons et nous devons réfléchir à cela et nous confronter à ce conflit jusqu'à ce que nous trouvions l'issue juste au problème.

Regarde, Papa, regarde !

Un autre aspect de la relation, ainsi que du troisième cercle en général, est celui des besoins. Nous avons tous des besoins. Nous avons besoin de manger et de boire, d'avoir chaud et de vivre sous un toit. Mais plus encore, nous avons besoin d'être remarqués. Nous voyons cela chez les petits enfants. A tout moment, les enfants s'écrient « Regarde, papa, regarde ! » S'il s'agit d'un choix entre manger leur repas de midi ou papa-regarde-moi, gagner l'attention de papa l'emporte toujours, car c'est un besoin plus vital. Etre remarqué par papa ou maman ou par d'autres personnes qui comptent à leurs yeux est plus important que le fait de manger. Et si papa et maman ne regardent pas parce qu'ils sont constamment au travail ou parce qu'ils sont divorcés ou ivres ou en prison ou morts, ou parce qu'ils sont sans cesse en voyage missionnaire, alors ce besoin n'est pas satisfait et l'enfant est horriblement perturbé et il en souffrira. Ceci dépeint chacun d'entre nous.

Nous avons également besoin d'être entendus. Avant même que les enfants sachent parler, ils gazouillent et babillent, faisant des bruits pour être entendus. C'est douloureux pour les enfants de n'être pas entendus. Comme adultes, lorsque nous parlons, nous ressentons toujours le besoin d'être écoutés par ceux qui nous entourent, même s'ils ne sont pas d'accord avec nous.

C'est profondément frustrant de ne pas être écouté. Cela diminue notre humanité.

Nous avons aussi besoin d'avoir un impact sur notre entourage. Si un enfant prend des cubes et les empile les uns sur les autres, ils ne sont pas les mêmes qu'au départ. Ils sont différents. *C'est moi qui ai fait ça*, peut dire l'enfant – et l'enfant les renverse. Tout est à nouveau différent. Parfois le besoin de l'enfant ne nous convient pas, comme lorsqu'il ou elle recouvre le mur de rouge à lèvres, mais vous pouvez encore voir ici ce besoin d'avoir un impact. Nous voyons encore ici le besoin d'avoir un impact. Ce besoin traverse toute notre existence. Si nous cuisons du pain, nous avons besoin que des gens le mangent. Si nous construisons une maison, des personnes devraient y habiter. Les endroits où je suis allé et où j'ai vécu et travaillé ne devraient pas être comme si je ne m'y étais jamais trouvé. C'est ainsi que Dieu nous a faits.

En relation à tous ces besoins, il y a celui d'être désiré. Nous avons besoin que les gens nous disent : « Viens, sois avec moi, sois avec nous, tu es désiré. »

Pourquoi avons-nous de tels besoins ? Est-ce le résultat du péché ? Viennent-ils du mal ? Sont-ils une tentation ? On pourrait dire que nous avons ces besoins tout simplement parce que nous sommes seulement humains, mais qui détermine ce que cela veut dire que d'être un être humain ? Selon le troisième cercle, les humains sont faits à l'image de Dieu. Leurs besoins viennent de Dieu, car Dieu a ces mêmes besoins. Vous n'avez peut-être jamais pensé à Dieu ayant des besoins ? Ce n'est pas que Dieu ait besoin de quoique ce soit venant de *nous*. C'est plutôt qu'Il ressent des besoins au sein de Lui-même, et ce sont exactement les mêmes que les nôtres : être remarqué, être entendu, avoir un impact et être désiré. Mais Dieu ne souffre pas de ressentir de tels besoins. Pour Dieu, avoir ces besoins est une joie sans pareil, car les besoins constituent le fondement de la confiance et de l'amour. Un besoin qui ne peut être satisfait que par une autre personne demande que nous croyions que cette personne peut y répondre. S'il n'y avait pas de besoins, il n'y aurait pas de confiance ou d'amour réels.

Avant que quoique ce soit fut créé, quand il n'y avait que Dieu, la confiance et l'amour faisaient déjà partie de la réalité, car les besoins d'être vus et d'être entendus et d'avoir un impact autour de nous et celui d'être désirés avaient déjà été satisfaits. Chacune des trois personnes de Dieu comble les besoins des autres personnes et accomplit cela en renonçant à Elle-même pour les autres. Jésus renonce à Lui en faveur du Père et du Saint-Esprit. Chacune des personnes de Dieu est de la même manière centrée sur les autres plutôt que centrée sur Elle-même. Telle est la description biblique de la réalité absolue : un Dieu totalement centré sur l'autre. Cette capacité à se centrer sur l'autre est la source de l'énergie divine, car alors que chaque personne de la Divinité se dépouille d'Elle-même une fois, Elle est comblée deux fois par les autres. Cette énergie s'accroît de manière exponentielle. Elle est devenue si grande que Dieu a pu dire : « *Que la lumière soit !* » et un univers fit son apparition. La Bible nomme cette énergie lorsqu'elle dit que Dieu *est amour*. C'est un processus de renoncement et d'être comblé en étant centré sur l'autre, un accroissement constant d'énergie. C'est l'énergie de la vie. C'est la base de toute réalité.

Remarquez que la Bible ne dit pas seulement que *Dieu est aimant* ou qu'*Il aime*, bien que ces deux choses soient vraies. C'est bien plus que cela – Dieu *est* amour. Remarquez également que la Bible dit que *Dieu est juste*, mais ne dit pas « Dieu est justice », car Il est aussi miséricordieux. Et elle ne dit pas « Dieu est miséricorde », car Il est aussi juste. Mais lorsqu'elle dit *Dieu est amour*, elle n'oppose pas cela avec quoique ce soit. L'amour est la réalité absolue de ce que Dieu est.

De même que Dieu est complètement centré sur les autres, nous étions aussi supposés l'être. Lorsqu'Adam était seul dans la création, Dieu vit que cela n'était pas bon, et alors Il créa Eve. Ainsi l'identité d'Adam pouvait être entièrement extérieure à lui dans la relation. Le centre d'Adam n'était pas en Adam, il était en Eve et il était en Dieu. Le centre d'Eve n'était pas en Eve, il était en Dieu et en Adam. La création reflète le Créateur. C'est pour cette raison que, comme pour Dieu, nous continuons à avoir des besoins et c'est pour cette raison que nous aspirons à ce que nos besoins soient comblés dans des relations d'amour et de confiance les uns avec les autres et avec Dieu.

Si les besoins font partie de la perfection originelle, alors ils ne peuvent pas être la cause de la souffrance. Nous pouvons en effet souffrir lorsque nos besoins ne sont pas satisfaits, mais les besoins eux-mêmes ne sont pas la raison fondamentale pour laquelle les choses ne vont pas dans le monde.

Jusqu'ici, en même temps que les besoins, nous avons considéré l'unité et la diversité, l'objectivité et la subjectivité, la prédestination et le libre arbitre, la forme et la liberté, le dynamisme, la personnalité et les relations, et la hiérarchie – et *rien de tout cela*, selon le troisième cercle, n'est la cause véritable de la souffrance dans notre monde.

Alors qu'elle est-elle ? Et quelle est la solution ?

Un Trou noir dans le Cœur

Dans le livre de la Genèse, il nous est dit que Dieu mit dans le Jardin, avec Adam et Eve, l'arbre de la Connaissance du Bien et du Mal. Et Dieu dit : *Ne mangez pas du fruit de cet arbre. Vous ne devez pas connaître le bien et le mal par vous-mêmes. Vous devez avoir confiance en moi pour que je vous le dise.*

Vous devez vous demander pourquoi Dieu leur a donné la possibilité de manger le fruit. Pourquoi ne pas les empêcher de le faire ? Pourquoi ne pas mettre une barrière de fils barbelés tout autour de l'arbre ? La raison, comme je l'ai mentionné précédemment, est que Dieu n'est pas un être agissant mécaniquement, ainsi Sa création ne saurait agir mécaniquement non plus. De la même façon que Dieu est libre de choisir, et Il choisit toujours d'être fidèle à Lui-même, nous avons reçu, en tant qu'image de Dieu, le même choix – le choix d'être confiants et de dépendre de Lui. Alors, la possibilité que nous fassions le mauvais choix existe.

Je dois souligner que si Dieu n'est pas un être agissant mécaniquement, alors la possibilité qu'*Il* puisse mal choisir existe également. Personne ne se tient derrière Dieu le contraignant d'accomplir Ses promesses. Dieu Lui-même doit choisir de les accomplir. Comme je l'ai suggéré auparavant, nous voyons dans le Jardin de

Gethsémané la possibilité de mal choisir. Si la possibilité que Jésus n'accomplisse pas Ses promesses n'existait pas, alors Il n'aurait pas transpiré du sang. Il n'aurait pas prié : *S'il te plaît, s'il existe un autre moyen, qu'il en soit ainsi*. On voit la même possibilité quelques années plus tôt dans la vie de Jésus lorsqu'Il est tenté par le malin alors qu'Il se trouve dans le désert. La tentation n'aurait eu aucun sens si la possibilité que Jésus y cède n'existait pas. Heureusement que Dieu n'a jamais rompu Ses promesses ; Il est même mort afin de les garder. Ceci est une garantie évidente qu'Il sera toujours fidèle.

Ainsi, la source de la possibilité du mal est en Dieu, mais il n'existe pas de mal en Dieu. Les créatures que Dieu a faites à son image ont également cette possibilité, et leurs choix ont souvent conduit à la tragédie. L'exemple le plus connu est celui du malin. Il était, par le passé, le plus beau de tous les anges, mais il choisit de se détourner de Dieu. Avez-vous déjà remarqué que le malin est seulement une personne alors que Dieu est trois ? Le malin est *un* car il est centré exclusivement sur lui-même. C'est son égocentrisme absolu qui fait qu'il est absolument mauvais.

Selon la Genèse, le malin s'approcha d'Eve dans le Jardin et dit : *Dieu a-t-il dit que vous ne pouviez rien manger ?*

Eve répondit : *Oh, non, nous pouvons manger tout ce que nous voulons, mais nous ne pouvons juste pas manger de cet arbre-là.* Et le malin ajouta : *Si vous mangez de cet arbre, vous deviendrez comme Dieu, car Dieu connaît le bien et le mal, et vous connaîtrez également le bien et le mal. Vous n'aurez pas besoin de déranger Dieu pour qu'Il vous dise ce qui se rapporte au bien et au mal, vous le saurez par vous-mêmes. Vous pouvez être indépendants. Et toi, tu peux être une femme libérée.* Eve trouva ce discours séduisant. Elle était intelligente, elle était dotée d'un esprit aventureux. Elle jeta un nouveau regard à l'arbre et vit que le fruit était très attrayant. Elle sut alors qu'elle posséderait vraiment la connaissance du bien et du mal si elle en mangeait et ainsi deviendrait autonome. Elle n'aurait pas besoin de Dieu pour lui dire ce qui est bien et ce qui est mal.

Après avoir mangé du fruit, Eve en donna à Adam et il en mangea. A cet instant tous les deux moururent. Je ne veux pas dire qu'ils eurent une crise cardiaque et qu'ils tombèrent raides morts. Ce que je veux dire c'est que leur relation et leur identité moururent. Ils découvrirent qu'ils étaient nus et qu'ils étaient devenus une menace l'un pour l'autre. La confiance entre eux avait disparu. Ils ne faisaient plus confiance à Dieu et ils ne pouvaient plus se fier l'un à l'autre. Lorsque ces relations moururent, ils étaient morts. Leur identité profonde n'avait pas été en eux-mêmes, mais dans leur relation mutuelle.

Adam et Eve prirent conscience qu'il y avait un problème, et parfois je pense qu'ils auraient pu se donner la main et se rendre auprès de Dieu et dire : « Père, nous avons un problème, peux-tu nous aider ? » Mais ils ne le firent pas, car ils étaient devenus fous. Leur manière de penser était maintenant fondamentalement faussée et malsaine. Au lieu de s'adresser au Créateur pour trouver une solution, ils se tournèrent vers la création. Ils trouvèrent des feuilles de figuier et les cousirent ensemble pour cacher leur sexualité, probablement car c'était ce qu'ils trouvaient à présent de plus inquiétant et menaçant. En se tournant vers la création pour trouver une solution, nous voyons également là la naissance du *naturalisme*, une croyance selon laquelle nous devrions nous tourner vers le monde physique pour résoudre nos problèmes.

Dieu entra dans le Jardin et appela Adam. Pourquoi souhaitait-Il parler à Adam si c'était Eve qui avait mordu la première dans le fruit ? Nous voyons ici la fonction de la hiérarchie. Adam était avec Eve lorsqu'elle croqua le fruit et il était responsable d'elle. C'est pour cette raison que Dieu veut savoir de la part d'Adam ce qui s'est passé. Ça n'est pas politiquement correct, mais c'est ainsi que Dieu agit.

En confrontant Adam, Dieu pose une excellente question : *Où es-tu ?* Souvenez-vous que Dieu sait toute chose. La question n'est pas posée pour que Dieu soit renseigné.

La question s'adresse spécifiquement à Adam afin qu'il puisse se demander à lui-même où il est. Adam donne une très bonne réponse lorsqu'il dit : *Je suis effrayé, et nu et je me cache.* Tout cela était vrai. C'était bien sa situation.

Alors Dieu lui pose une deuxième question : *Qui t'a dit que tu étais nu ?* En d'autres mots : « Quelles sont tes sources d'information et pourquoi les as-tu crues ? » Il demande également : *As-tu mangé du fruit que je t'ai dit de ne pas manger ? As-tu amené sur toi cette crainte, cette nudité et cette dissimulation ?* La réponse d'Adam, dans ce cas, ne pouvait être pire. Il dit : *La femme que tu m'as donnée m'a offert le fruit. C'est de ta faute et de sa faute.* En d'autres mots : « Je suis une victime. » A ce moment-là, la victimisation et le déni firent leur apparition. « Je ne suis pas responsable, je suis une victime. Je n'ai pas besoin d'être pardonné, j'ai des droits. Je n'ai pas besoin de me confesser et de me repentir. » Cette attitude est restée courante dans la race humaine.

Dieu leur fit des manteaux de peaux d'animaux et les en revêtit. Il tua l'innocent et Il couvrit Adam et Eve avec le sang de l'innocent. C'était une prophétie visuelle et concrète de la Crucifixion. Ici, et dans bien d'autres récits bibliques, nous pouvons voir également que le Dieu du troisième cercle n'est pas un Dieu passif et silencieux.

Il n'est pas un éléphant du Nouvel Age. Il est actif et Il communique. Dès le commencement, Il s'investit sérieusement pour Sa création et travaille fidèlement à Son salut.

Le salut est devenu nécessaire, car depuis l'infidélité d'Adam et Eve nous avons vécu dans un état d'égocentrisme profond. La condition humaine a implosé comme une supernova – comme une énorme étoile qui a explosé puis qui est retombée sur elle-même et s'est effondrée en un trou noir dont la gravité est si puissante que même la lumière ne peut s'en échapper. Tout y est aspiré. L'égocentrisme nous révèle ce que cela veut dire qu'être mort, ce que cela veut dire qu'être pécheur. C'est une situation catastrophique et, selon ce que nous enseigne le troisième cercle, c'est la cause de la souffrance dans le monde.

La Solution

Alors, comment nous sortir de cette situation désastreuse ? La solution, c'est que le Créateur en personne est entré dans la création et est devenu l'un d'entre nous, un être humain, fait de chair et de sang. D'où la naissance de Jésus : *Joyeux Noël* ! Puis, étant tout à la fois dans la création et demeurant le Créateur, dans le temps et dans l'éternité, participant au naturel et au surnaturel, étant humain et Dieu, immanent et transcendant, Il fait une chose : Il se dépouille de Lui-même. Littéralement. Il sacrifie Sa vie, permettant que son corps soit cloué à une croix en bois afin que Son sang puisse s'écouler pour d'autres. Jésus se donna Lui-même, se dépouilla de Lui-même, non pour Lui-même mais pour les autres. C'était, et cela demeure, l'acte suprême de renoncement et de don de soi le plus étonnant de toute l'Histoire.

La crucifixion de Jésus n'était pas simplement une idée. Ça n'était pas un geste symbolique. C'était un dépouillement réel, physique pour les autres. Jésus nous a sauvés par Son sang. Nous sommes brisés, et Dieu entra dans la création et se dépouilla de Lui-même. Le pouvoir de ce dépouillement, qui est la mort à soi-même, tue la mort. La mort a été mise à mort à la croix. La mort de Jésus ne fut pas une conséquence du péché ni de l'égocentrisme. La mort de Jésus a sa source dans un amour parfait, et ainsi cette mort fut parfaite et engloutit tout de la mort dans la victoire.

Ce comportement est caractéristique de Dieu. C'est la nature fondamentale de Dieu. Dieu est amour, et l'amour, selon la première épître de Jean, est un sacrifice expiatoire. L'expiation signifie *rendre possible d'être ensemble*. On peut facilement se souvenir de ce sens si nous divisons le mot anglais en trois : at-one-ment. Notre péché, ou égocentrisme, nous sépare de Dieu, les uns des autres et du reste de la création. Jésus vint pour expier nos péchés pour que nous puissions être ensemble. Jésus nous montre ce que signifie être à l'image de Dieu.

Remarquez que Jésus n'est pas mort sur la terre et qu'Il n'est pas mort au ciel. Il était attaché à une croix, suspendu au milieu : Il reliait le ciel et la terre. A cette époque, l'empereur romain portait le nom de *pontifex maximus*, le Grand Bâtisseur de Pont. Ce titre convient mieux au Christ crucifié qui rétablit la relation entre le Créateur et la création, l'éternité et le temps, l'immanence et la transcendance, ramenant toutes choses ensemble par la puissance de Sa parole, par la puissance de Son sang, créant une nouvelle réalité. La réalité a été divisée par le péché et Son corps est le pont qui franchit cette séparation. C'est Jésus-Christ. Il est le Dieu-homme.

La conséquence de la mort de Jésus fut : trois jours dans la tombe, un tremblement de terre, les ténèbres et ensuite Sa résurrection. La résurrection n'était pas la réanimation d'un corps mort à la vie. Le corps ressuscité de Christ ne fut pas ressuscité comme Lazare qui ressuscita pour mourir à nouveau, mais il le fut pour la vie éternelle, en une existence glorifiée.

La Bible nous dit que les personnes qui sont au bénéfice de la puissance du sang de Jésus deviendront également de nouvelles personnes. Dieu est un Dieu qui fait des choix, et nous, étant à Son image, sommes également des personnes qui faisons des choix et ainsi, nous devons choisir de recevoir la puissance pour être recréés. Il ne s'agit pas de changer d'avis. Il ne s'agit pas d'adhérer à un club. C'est un changement de direction radical de l'être. Lorsque nous choisissons de recevoir la puissance du sang de Jésus, nous sommes recréés. Nous étions des créatures égocentriques, mortes qui devenons des créatures vivantes, centrées sur les autres. L'expression que la Bible utilise pour décrire ce changement c'est être né de nouveau. Lorsque nous naissons en tant que bébés, nous ne pouvons pas redevenir à l'état « à naître », et pour finir nous mourrons. Lorsque nous naissons de nouveau par le sang de Christ, nous ne pouvons pas non plus revenir à un état « à naître », et nous ne mourrons pas. Nous devenons de nouvelles créatures qui appartiennent à de nouveaux cieux et à une nouvelle terre. Nous sommes recréés dans la puissance de la Crucifixion. Nous ne sommes plus des individus centrés sur nous-mêmes, implorant, des individus morts, mais nous sommes re-créés comme des personnes vivantes, centrées sur les autres.

Lorsque nous sommes nés de nouveau, le reste de notre vie est un processus d'ajustement pour devenir centrés sur les autres. Nous grandissons dans l'amour. Notre vie grandit et elle s'enrichit. C'est l'image que la Bible nous donne. Ça n'est pas exactement cette image que nous voyons dans notre monde. Nous ne la trouvons guère en nous-mêmes, ni dans l'église; mais c'est l'image du désir le plus profond de Dieu pour nous. C'est une puissance réelle qui est à notre disposition en Jésus, en ce moment même – pour devenir de nouvelles créatures, entièrement retournées, nées de nouveau, nous dépouillant de nous-mêmes, perdant nos vies afin de les retrouver.

Ceci est la solution chrétienne à la souffrance.

o   o   o

Disons les Choses simplement

Nous avons exploré trois cercles ou trois visions absolues du monde et chacune d'entre elles offre une espérance unique de solution au problème de la souffrance. Dans le premier cercle, la perfection originelle est une unité totale et parfaite et nous souffrons parce que nous avons l'illusion de la diversité. Le salut consiste à se réveiller et à prendre conscience à nouveau de cette unité. Dans le deuxième cercle, la perfection originelle est l'harmonie parfaite de contraires égaux. Nous souffrons parce que l'absence d'harmonie ou le déséquilibre sont entrés dans la réalité. Le salut consiste à retrouver cette harmonie et cet équilibre par différentes techniques et thérapies. Dans le troisième cercle, la perfection originelle est une unité de trois personnes centrées sur les autres dans une réalité relationnelle d'amour. Nous souffrons, car nous avons mis les choses à l'envers et sommes devenus des personnes mortes, centrées sur elles-mêmes. Le salut, c'est Dieu qui vient Lui-même dans la création et qui s'offre pour que les hommes puissent recevoir la puissance d'être recréés comme des personnes vivantes, centrées sur les autres.

Que pensez-vous ? Où êtes-vous ?

45 Questions

Poser des questions honnêtes est signe de vie. Au cours des nombreuses années où j'ai donné des conférences et parlé avec des gens de ces trois cercles, des centaines de questions ont été soulevées. De telles questions sont inestimables, reliant mes auditeurs de manière plus directe et plus pratique à mon enseignement et nous préservant des réponses mécaniques de types oui-non ou noir-blanc. Nous progressons et apprenons toujours en posant des questions.

Mon espoir est que les questions suivantes, traduites de différentes langues, puissent stimuler votre réflexion et susciter davantage de sujets de discussion parmi vous.

o o o

Croyez-vous vraiment possible de simplifier en un de vos cercles théoriques un sujet aussi vaste et complexe que celui du cosmos ?

Non, je ne le pense pas. Les trois cercles sont des symboles qui sont des outils fortement réductionnistes. J'espère qu'ils seront utiles, mais ils ne sont pas suffisants. La vérité objective sous la forme d'un symbole n'est pas suffisante pour exprimer toute la Vérité. La Vérité est également subjective, ce qui implique que des explications utilisant des symboles doivent être conjuguées à votre expérience personnelle subjective pour présenter la réalité. Vous ne pouvez pas simplement penser à Jésus et être un chrétien, pas plus que vous ne pouvez penser au mariage et être marié. La réalité du fait d'être marié est beaucoup plus vaste que n'importe quel type de symbole. Néanmoins, les symboles peuvent être utiles.

Quelle est la vision du Monisme sur l'évolution spirituelle ?

Dans la plupart des cas, les gens du premier cercle considèrent l'être humain comme un niveau élevé de connaissance ayant évolué à partir d'une force vitale qui se manifeste de manières de plus en plus complexes et conscientes de soi. Des animaux, tels que les mouches, les vers ou les rats n'auraient pas de conscience individuelle. L'être humain a une conscience individuelle et fait des choix en tant qu'individu. L'être humain est réincarné dans le même état de conscience, bien que n'ayant pas connaissance du passé, alors que l'état de conscience du rat ou de la mouche se dissoudrait en état d'inconscience lorsqu'il meurt. Bien que d'autres formes de vie souffrent, elles n'ont pas la possibilité d'atteindre l'unité et ainsi de cesser de souffrir jusqu'à ce qu'elles évoluent et se concentrent en état de conscience humaine individuelle. Etre un humain, dans le contexte de toute la réalité, est considéré comme étant très précieux. L'être humain a la capacité à l'éveil. La croyance que les humains vivent et meurent des milliers de fois peut aussi rendre les gens du premier cercle plus patients. Si vous ne réussissez pas quelque chose dans cette vie, ne paniquez pas, car une autre vie suit celle-ci. Cette vision peut vous détendre et réduire votre stress, ce qui, dans bien des circonstances, peut être sain. Cependant, il nous faut considérer les choses dans le contexte tout entier de ce qui est réel et nous poser la question : « Ne payons-nous pas un prix trop élevé pour la thérapie que nous pratiquons ? »

Comment les personnes des religions monistes voient-elles le mariage ?

Dans le premier cercle, les gens considèrent le mariage comme un exercice utile dans les premières étapes du développement, car le mariage est une forme d'union et d'unité. Mais lorsque vous avez beaucoup progressé dans le processus de vos incarnations, vous partez vivre dans un monastère. En Inde, des personnes très religieuses se marient, élèvent des enfants et dirigent une entreprise, mais lorsque leurs enfants quittent la maison, ces gens, parfois, vendent leur affaire et se séparent : l'un entre dans un monastère et l'autre dans un couvent. Ces personnes se libèrent l'une de l'autre dans le but de progresser, car elles se réalisent qu'elles sont devenues un handicap pour l'autre. Elles ont vécu l'union dans le mariage, mais aussi se sont attaché l'une à l'autre. Elles doivent se séparer afin de croître dans la nature-Bouddha ou dans la conscience de Krishna.

Comment les personnes des religions monistes expliquent-elles la croissance et les modifications dans la population humaine ?

L'augmentation des êtres humains sur la terre reflète le passage de plus de groupes de formes vivantes dans l'état de conscience individuelle humaine. Ces consciences individuelles sont manifestes au travers de la naissance des bébés. Un nouveau-né peut être quelqu'un qui est né pour la millième fois ou pour la première fois. Ce bébé pourrait être bien plus âgé que ses parents en termes de progression évolutive. Cela pourrait expliquer le génie de Mozart ; il pourrait avoir été la réincarnation d'une personne plus âgée ayant beaucoup d'expérience à son actif. La population humaine peut s'accroître ou diminuer selon la sagesse des Seigneurs du Karma. Les êtres humains agissent en fonction des décisions des Seigneurs du Karma, qui s'occupent d'un nombre de facteurs si important que cela dépasse notre compréhension.

Vous avez suggéré qu'il n'existe pas d'authentique juste et faux dans le Monisme. L'idée de karma ne reconnaît-

elle pas cependant, implicitement les concepts de juste et de faux, et ainsi une structure morale générale ?

Le karma fonctionne à l'intérieur de l'illusion du maya, de la diversité, de l'individualité et des relations. Au sein de cette illusion se trouvent des situations positives et négatives, des énergies et des vibrations qui sont établies et créées et qui ont besoin d'être mises en harmonie, dans le but que la nature-Bouddha ou la conscience Krishna se réalise. Le Karma est un processus très riche et complexe. Le but à long terme est d'être libéré dans la nature-Bouddha ou dans la conscience Krishna. Cependant, la manifestation du karma peut se produire de différentes manières. Prenons l'exemple du meurtre. Si je tue quelqu'un dans cette vie, alors dans la vie suivante je pourrais moi-même être tué ou je pourrais sauver des vies. Chacune de ces possibilités pourrait équilibrer mon karma, même si elles sont toutes deux très différentes. L'une est passive et conduit à la mort, l'autre est active et conduit à la vie. Le karma n'est pas un système judiciaire punitif. Il contient bien cet élément, mais d'autres éléments importants y sont entremêlés. Donc, vous ne pouvez pas comprendre le karma exclusivement en termes moraux. Il s'agit de quelque chose de bien plus grand, plus large et plus riche.

Vous avez indiqué que dans la vision moniste du monde les relations sont mauvaises, et que l'amour est aussi mauvais, car l'amour est une relation. Si c'est le cas, pourquoi donc le bouddhisme valorise-t-il tant la compassion ?

Votre question assimile la compassion à l'amour, ce qui est une erreur. L'amour implique une relation, mais la compassion est une réalisation d'unité et d'identité. Lorsque j'ai de la compassion pour quelqu'un, j'encourage son inclinaison vers la réalisation de la nature-Bouddha ou de la conscience Krishna dans le contexte d'innombrables vies réincarnées. Laissez-moi vous donner un exemple. Si une personne est née dans une vie de souffrance, il se peut que de tierces personnes manifestent leur karma, se fondant sur la sagesse des Seigneurs du Karma pour agir de la manière la plus profitable pour cette personne. Pour cette raison, si je vois cette personne souffrir, je devrais éviter de l'aider, car je comprends qu'elle risque de devoir souffrir encore et encore si j'interviens dans son processus. Ce raisonnement est la base de la doctrine bouddhiste de non-ingérence. Cela peut paraître cruel de ne pas aider une personne qui souffre, mais dans le contexte de la réincarnation cela pourrait être la chose la plus charitable à faire. En effet, en n'intervenant pas dans la souffrance de cette personne vous lui permettez d'équilibrer son karma. L'idée chrétienne de l'amour est très différente, car le contexte dans lequel il a lieu est tout autre. Il n'y a qu'une seule vie où est concentré le sens de notre être et de nos décisions. Il y a aussi une croyance fondamentale dans la réalité éternelle des relations. L'amour de Christ est un amour de relations, de se voir face à face, de s'encourager l'un l'autre à être soi-même, tels que Dieu a voulu que l'on soit. La pauvreté et la souffrance sont perçues comme des déformations des intentions de Dieu pour la vie humaine et doivent être combattues. Les chrétiens ont un mandat de soulager la souffrance des autres et de respecter la vie individuelle de chacun. Ainsi, la compassion et l'amour ne sont pas synonymes, bien que dans notre culture nous les voyons utilisés de cette manière. Le mot compassion se trouve dans la Bible, mais il est étroitement associé à l'amour.

Le bouddhisme reconnaît que la dépression, ainsi que d'autres formes de souffrance émotionnelle, sont associées au narcissisme, à l'égoïsme et à l'obsession de soi et il propose des méthodes pour soigner cette souffrance. De quelles manières le christianisme nous aide-t-il à mieux comprendre la souffrance émotionnelle et sa guérison ?

L'idée que la dépression et la souffrance émotionnelle viennent du narcissisme et de l'égoïsme est dans bien des cas tout à fait exacte. Nous pouvons trouver la même idée dans la Bible. Cependant, le bouddhisme diverge de la perspective chrétienne en ce qui concerne le contexte de la souffrance et de sa guérison. Pour les bouddhistes, le choix se trouve entre moi et MOI, entre le moi individuel et égocentrique et le MOI universel Bouddha-nature. Le choix chrétien se trouve entre être centré sur soi-même et être centré sur les autres. Par conséquent, la solution bouddhiste à la souffrance a pour but de dissoudre le moi dans le MOI absolu. La solution chrétienne a pour but de réorienter le moi vers les autres – vers d'autres personnes et vers Dieu. Le moi individuel est maintenu et non dissout et il se guérit et se développe au travers d'une relation d'amour avec le reste de la réalité. C'est le sens fondamental du salut par Jésus-Christ. Le christianisme accorde une grande valeur à guérir la dépression et valorise, en général, les pratiques utilisées pour atteindre ce but (qu'elles soient bouddhistes ou autres). Mais il ne renoncera pas, en échange de la guérison ou de la délivrance de la souffrance, à la réalité unique de la personne de Dieu ou à la réalité de l'amour.

Les personnes du mouvement du Nouvel Age insistent sur la puissance de la croyance. Que pensez-vous de cela ?

L'idée ici, si je la comprends bien, est que nous créons la réalité par notre seule pensée. Si nous pensons de manière négative, nous créons une réalité plus négative, et si nous pensons de manière positive, nous créons une réalité plus positive. Dans le contexte biblique, la pensée positive se manifeste toujours par rapport à Jésus. Il ne s'agit pas vraiment d'une réalité créée par *nous*, mais plutôt de croire que Dieu créera *pour* nous la réalité dont nous avons besoin afin de mener à bien Son dessein pour nos vies. Ce qu'Il crée peut nous plaire ou être en désaccord avec ce que nous voulons. Que cela nous plaise ou non, nous devrions être reconnaissants et confiants, travaillant avec ce que Dieu nous donne.

Si les enfants colorient des mandalas à l'école, seront-ils attirés vers l'hindouisme ?

Peut-être bien, mais ils ne seront pas plus attirés vers l'hindouisme en coloriant des mandalas que vers Jésus en coloriant des croix.

La méditation est-elle dangereuse pour les chrétiens ?

La réponse peut varier d'une personne à l'autre. Pour certains, cela pourrait avoir un effet thérapeutique. Pour certaines conditions psychologiques, cela pourrait être très dangereux. Il est également très dangereux de penser que la pratique de la méditation nous pardonnera nos péchés ou nous donnera notre identité réelle, ou de méditer au lieu de prier.

Existe-t-il une pratique chrétienne de la méditation ?

L'expression « pratique chrétienne de la méditation » est associée à toute l'histoire et à la pratique de concepts trop vastes pour être considérés ici. Permettez-moi de réduire cette question à la considération plus spécifique de la pratique *biblique* de la méditation. Alors que la méditation orientale cherche à stopper la pensée ou à la tenir inactive, la méditation biblique commence par quelques affirmations concernant Dieu, elle les maintient sur notre pensée, comme au-dessus d'une toile ou d'un filet, permettant ainsi au Saint-Esprit de toucher notre intelligence par ces affirmations. Ensuite, la personne réfléchit et prie par rapport à la relation qu'elle vient d'expérimenter. La méditation biblique n'est pas orientée et n'a pas de programme. Elle est plus passive et réceptive que la pensée, mais elle lui est liée.

Aujourd'hui, l'athéisme est une vision dominante du monde.
Où, dans le cadre de vos trois cercles, le placeriez-vous ?

L'athéisme c'est croire qu'il n'y a pas de Dieu et que toutes choses surgissent par hasard de la substance matérielle de l'univers. De nombreux athées croient que l'univers a commencé avec un élément unique ou un rassemblement de toutes les énergies en un seul point qui explosa lors d'un événement appelé le *big bang*. Ils croient qu'après le big bang, la diversité serait entrée dans l'univers par l'apparition de diverses lois et phénomènes physiques, ce qui inclurait les étoiles, les planètes et, en fin de compte, la terre elle-même avec ses différentes caractéristiques, y compris la vie biologique telle que nous la connaissons. Cependant, dans l'athéisme, aucun de ces phénomènes physiques ne peut avoir un sens absolu. Les athées peuvent faire l'expérience d'un sentiment de sens, dans le sens de sentir que leur vie a un sens, ou que leurs relations ont un sens, ou comme si les couchers de soleil et les chaînes de montagnes ont un sens. Mais si l'univers ne renferme pas un sens absolu – si l'univers est une chose impersonnelle et un accident – alors rien de ce qui se produit dans l'univers ne peut non plus avoir un sens absolu, peu importe l'intensité de notre ressenti ou ce que nous croyons. Dans un univers athée, le sens est essentiellement une illusion. Bien que les athées puissent ne pas se considérer comme des monistes, vous pouvez observer la ressemblance dans leurs points de vue : l'univers commence dans un état d'unité puis donne naissance à une diversité qui, en fait, est une illusion. D'autre part, les personnes du troisième cercle partent du principe que l'univers, et tout ce qui s'y trouve, est plein de sens car il a été créé par un Dieu qui est intrinsèquement significatif. En conséquence, la vie n'est pas fondamentalement une illusion. Il me semble qu'il faut bien plus de foi pour être un athée que pour être un chrétien, car il faut maintenir l'idée qu'une réalité aveugle, dénuée de sens et de but, amorale, indifférente, dépourvue de direction, ait produit des êtres humains qui sont le contraire de toutes ces caractéristiques. Une hypothèse plus simple est que les caractéristiques d'humanité sont une expression de quelque chose inhérent à l'univers lui-même et qui lui préexiste. On pourrait paraphraser la Bible ainsi : *au commencement était l'Information.*

Je pense que l'attraction de l'athéisme, pour bien des gens, est qu'il les soulage du fardeau d'avoir à penser profondément sur *la raison* de leur existence. Il les délivre également de toute idée de culpabilité ou de péché. S'il n'y a aucun sens absolu, il ne peut y avoir de justification valable pour des sentiments de culpabilité ou pour la croyance au bien et au mal. Une fois encore, l'absence de tout sens absolu aux catégories telles que le bien et le mal fait de l'athéisme quelque chose de semblable au Monisme. Certains athées croient aussi que l'univers, après un temps d'expansion, s'écroulera à nouveau dans le singulier ou dans une unité totale, ce qui ressemble fort à la vision du Monisme. Cependant, d'autres athées croient que l'univers s'étendra sans fin. En raison des nombreuses similarités entre le Monisme et l'athéisme, je dirais qu'on peut considérer l'athéisme comme faisant partie du premier cercle ou comme une variante de celui-ci.

Les chrétiens adoptent parfois une attitude négative à l'égard du bien qu'ils voient chez les non-chrétiens. On pourrait donner comme exemple cette affirmation : D'accord, c'était gentil de la part de ces athées de contribuer à une bonne cause, mais – et ce, mais pourrait être suivi par – « ils n'ont pas Jésus », ou, « finalement ils iront en enfer », ou encore d'autres affirmations qui ont pour effet de dévaloriser la bonté d'un autre être humain. Avez-vous remarqué ce genre d'attitude envers les actes de bonté de non-chrétiens et qu'en pensez-vous ?

J'ai observé cette attitude, mais heureusement moins ces derniers temps que par le passé. Je crois qu'il est tout à fait déplacé de la part de personnes qui se réclament du royaume de Dieu de ne pas reconnaître la bonté lorsque nous la voyons et de ne pas croire que tous les êtres humains ont la marque de l'éternité dans leur cœur. En fin de compte, il n'est pas possible de plaire à Dieu sans avoir la foi, mais je crois qu'il est possible d'exprimer Son image de manières variées, et dans certains cas de façon plus juste par les non-chrétiens que par les chrétiens. Mais de telles expressions de bonté, si elles ne sont pas remises dans leur contexte et rendues complètes par Jésus-Christ, ne sont pas cohérentes. Elles ne se sont pas intégré les unes aux autres. Il s'agit de bribes, ici et là, jamais complètes. La bonté du chrétien, même si dans certains cas est moindre que celle du non-chrétien, se complète en Christ. Selon la pensée de l'auteur de l'Épître aux Hébreux : *Christ soutient toutes choses par Sa parole puissante.* Dans tous les cas, il n'y a aucune place pour le ricanement devant n'importe quel acte de bonté. Bien au contraire, on devrait être poussé à l'admiration, à la louange et à se reprendre soi-même.

Etre en contact avec des athées vous a-t-il été utile ?

Oui. Je crois que j'ai appris ce que cela signifie qu'être humain et fait à l'image de Dieu. Ceci particulièrement de la part de ceux qui exercent la patience et la discipline d'une autre façon que moi ou qui manifestent créativité et courage et se saisissent de la vie mieux que moi. Ainsi, j'ai appris de la part de certains athées ce qu'être humain veut dire. Je n'apprends pas d'eux ce que signifie avoir mes péchés pardonnés ou être rendu complet en Christ, mais j'ai appris bien d'autres choses.

Dans lequel des trois cercles placeriez-vous les visions du monde animistes et chamanistes ? Où mettriez-vous le Judaïsme et l'Islam ?

Rappelez-vous que les cercles sont des systèmes réductionnistes et approximatifs. Ils abordent les aspects fondamentaux de différentes visions du monde plutôt que les détails qui se trouvent à la surface. Gardant cela à l'esprit, je suggère que l'animisme et le chamanisme entrent dans le premier ou dans le second cercle ou une combinaison des deux en fonction de la compréhension ou des pratiques individuelles. Le Judaïsme, tel qu'on le trouve dans l'Ancien Testament, ou la Torah, entrerait dans le troisième cercle. Dans le récit de la création, Dieu parle au sein de Lui-même, et plus tard Il apparaît à Abraham sous la forme de trois hommes. On trouve la Trinité au complet dans l'Ancien Testament. Cependant, la compréhension, la pratique et la pensée des Juifs tendent plutôt vers le premier cercle. Dans le Coran, c'est fondamentalement le premier cercle. Allah est un. Il n'y en a aucun autre. Il n'a pas de fils. Il y a une unité et un absolutisme très fort en Allah. Il n'est pas intrinsèquement relationnel. Si Allah veut parler à quelqu'un et agir comme un dieu personnel, alors il doit créer quelqu'un à qui parler.

Des personnes pourraient se demander pourquoi se préoccuper des visions du monde ? Pourquoi ne pas juste vivre de son mieux ? Qu'en pensez-vous ?

Dans une grande mesure, vous pouvez essayer de vivre ainsi, sans direction ou contexte particulier. Cependant, il ne vous serait pas possible d'avoir des certitudes ou de vous engager de manière conséquente, car vous ne croiriez pas que quoique ce soit puisse être vrai ou faux, approprié ou inapproprié. Sans doute, vous parviendriez à cette idée que « ce qui est juste est ce qui vous fait vous sentir bien et ce qui est faux est ce qui vous fait vous sentir mal. J'en suis seul juge. Je suis Dieu. » En même temps, vivre sa vie « de son mieux » suppose une certaine vision du monde, même si elle n'est pas clairement définie. C'est un problème central. Nous avons tous besoin d'une vision du monde pour avoir un cadre et un fondement pour donner une signification et un but à la vie et pour fournir une justification à nos actions. On peut le dire autrement : choisir de vivre du mieux que l'on peut exige un moyen pour mesurer ce mieux, et le cadre pour mesurer ce mieux est une vision du monde. On peut se préoccuper ou non d'une vision du monde, la reconnaître ou non, mais elle est toujours là.

Pensez-vous qu'une vie plus simple soit plus heureuse et plus joyeuse ?

Pas nécessairement. Les richesses, l'argent, la propriété et le savoir peuvent ajouter des fardeaux à nos vies et nous donner de plus grandes responsabilités et plus de choix, mais je ne pense pas que cela nous rendra automatiquement plus ou moins heureux. Bien des gens fortunés et beaucoup de personnes intelligentes ne sont pas heureux du tout, et bien des gens simples sont aussi amers et malheureux. Je pense que ce qui est plus important que le bonheur, ce sont des valeurs comme la vérité, la fidélité et la piété. Jésus était rempli de joie, mais Il était également un homme de douleur. L'apôtre Paul était rempli de joie, comblé de richesses, plein de vie, d'assurance et animé par la reconnaissance, mais il avait de nombreuses difficultés. Des gens le trahirent, d'autres le rouèrent de coups, il fut jeté en prison. Pour Paul ou Jésus, le bonheur n'était pas la valeur suprême. Je crois que la façon dont Dieu nous a faits, et travaillant nous-mêmes dans cette voie – acceptant et faisant face aux problèmes d'un monde déchu – conduit à la vie la meilleure et la plus complète, mais peut-être pas à la vie la plus heureuse. C'est difficile à accepter parce que nous voulons être heureux, pourtant le bonheur n'est qu'une partie de la réalité. Il n'est pas sage de sacrifier les autres éléments de la réalité pour être heureux. Parfois, je suis heureux et je l'apprécie beaucoup, mais le bonheur n'est pas la chose principale.

Considérez-vous le christianisme comme une religion ?

La religion est un système par lequel on se rattache au surnaturel. Le christianisme, tel que je le comprends, n'est pas principalement un système et ne concerne pas d'abord le surnaturel. C'est la réalité de toutes choses, tant naturelles que surnaturelles, maintenues ensemble par Jésus, ainsi que notre manière de vivre cette réalité. Du temps de Jésus, les pharisiens étaient très religieux – avec leurs cérémonies, leurs règles, leurs habits spéciaux et leurs programmes –, mais ils n'impressionnaient pas Jésus. Il dit que la justice des hommes devait dépasser celle des pharisiens, ce qui signifie que la justice des chrétiens ne peut pas être un ensemble de règles ou une tradition ou quelque chose de cérémoniel. Elle doit être une justice du cœur, c'est une transformation radicale et personnelle du cœur. Il n'y a rien de religieux à cela.

De nombreux chrétiens portent une attention exagérée aux réalités du ciel. Que pensez-vous de cela ?

Ce que la Bible enseigne, si nous le comprenons bien, est que nous devons travailler et prier afin que le royaume de Dieu vienne sur la terre. Jésus a dit : *C'est ainsi que vous devez prier : Notre Père qui es aux cieux, que Ton nom soit reconnu comme saint, que Ton règne vienne, que Ta volonté soit faite sur la terre comme au ciel.* Nous récitons volontiers cette prière, mais est-ce que nous désirons vraiment son accomplissement ? Parfois ce que nous voulons vraiment dire est « Mon Père qui es aux cieux, s'il te plaît, sors-moi de cette situation ! » C'est bien ce qui se trouve dans nos cœurs. Mais ça n'est pas l'enseignement de Jésus. Il nous a enseigné à prier et à travailler afin que le royaume des cieux vienne sur terre – que les valeurs bibliques et sa description de la vie humaine et des relations entre les hommes se réalisent sur la terre. Nous ne sommes pas censés simplement attendre et supporter jusqu'à ce que Dieu nous sorte de là pour nous mettre ailleurs. Mais je comprends les raisons pour lesquelles les gens ont cette attitude. Nous souffrons, nous sommes accablés, nous sommes frustrés.

Pourtant, cette attitude est fausse et nous devons nous en repentir. C'est en partie parce que les chrétiens ont ces idées fausses que le christianisme a mauvaise presse pour les non-chrétiens – et nous nous demandons alors pourquoi notre évangélisation n'est pas tellement efficace. L'évangélisation ne peut être efficace lorsque nous prêchons un évangile de retrait et de fuite.

Un bon nombre de vos idées, comme l'objectivité et la subjectivité, le dynamisme et la forme et la liberté, ne sont pas explicitement mentionnées dans la Bible. Avez-vous rencontré des théologiens qui ont défendu la position selon laquelle ces idées sont trop abstraites ou spéculatives pour être justifiées par le texte biblique lui-même ?

C'est rare que les gens affirment que les idées que j'enseigne ne sont pas bibliques. Plus souvent on me demande comment j'en viens à trouver ces idées dans la Bible, ce qui est encourageant. Puis, je procède à partir de la question posée. Un exemple d'une telle question serait : « Pourquoi utilisez-vous le mot Trinité s'il ne se trouve pas dans la Bible ? » D'après ce que je comprends, le terme *Trinité* est un symbole verbal utilisé pour exprimer la nature de Dieu telle que la Bible la décrit. Les Credos des Pères de l'Eglise sont un autre exemple d'un symbole verbal. Nous les appelons *credos* parce qu'ils commencent par le mot *credo*, qui veut dire « je crois », mais les Pères de l'Eglise les appellent des symboles et définitions parce qu'ils sont une expression de toute la vérité de la Bible. En général, vous ne trouverez pas une correspondance entière entre un symbole et la chose symbolisée. De même, vous n'allez pas trouver de correspondance entre les symboles verbaux comme la Trinité, la forme et la liberté, ou le dynamisme, et le vocabulaire de la Bible, même si de tels symboles sont confirmés par le texte biblique.

Pouvez-vous nous en dire davantage sur ce que signifie être sauvé et sur ce qui se passe ensuite ?

Etre sauvé c'est comme si nous étions refaits à partir d'une créature morte, centrée sur elle-même en une créature vivante, centrée sur autrui. Etre sauvé c'est se détourner de notre nature brisée et commencer à marcher dans la direction de la guérison. Cela signifie à la fois recevoir la guérison *et* travailler pour être guéri, ou comme l'exprime l'ancien cantique : *crois et obéis*. Il s'agit d'une complémentarité, une réalité à 200%. Nous ne sommes pas sauvés en croyant en Dieu *ou* en Lui obéissant, mais par les deux à la fois. Certaines personnes sont piégées par l'idée qu'il s'agit de l'un ou de l'autre. La question *Que choisissez-vous ?* vient, il me semble, directement du diable. *Croyez-vous à la guérison de Dieu ou travaillez-vous à être guéri ?* C'est une question tordue. C'est comme si vous demandiez à Humpty Dumpty de quel côté du mur il désire tomber. Mais Dieu affirme que nous pouvons avoir les deux côtés du mur. Jésus dit : *Je suis venu pour que vous ayez la vie et que vous l'ayez en abondance.* Je ne vous dis pas de choisir la part de vie que vous désirez avoir. *Saisissez-vous de la chose tout entière. Vivez-la entièrement.* Pour donner un autre exemple de la manière dont nous pouvons être remis en question après avoir été sauvés, considérez le psaume 23. Ce psaume nous dit : *Ma coupe déborde.* En fait, dans la réalité, lorsque la vie *déborde*, les gens réagissent en se disant « Oh, quel désordre, allons, nettoyons tout cela ! » Les gens ne veulent pas que les choses échappent à leur contrôle ou soient imprévisibles. Mais perdre le contrôle est seulement inacceptable si nous marchons par la vue. Lorsque nous marchons par la foi, cela est acceptable, car nous croyons que Dieu peut nous stabiliser lors des débordements et de l'abondance de la vie. La foi peut être tellement effrayante car nous ne voyons, ni ne contrôlons, ni ne comprenons pleinement. Nous marchons et faisons confiance à Dieu. C'est comme si vous entendiez Sa voix au bout d'un tunnel sombre et que vous marchiez vers elle. Les gens veulent toucher les murs. Ils veulent courir d'un côté et de l'autre. Ils veulent s'orienter eux-mêmes. C'est naturel. Marcher par la foi, c'est spirituel. Le naturel nous attire, car nous sommes déchus et brisés. Il nous faut faire demi-tour et devenir spirituels. Cela ne signifie pas qu'il nous faut abandonner le naturel, mais nous devons considérer le naturel dans le contexte de la plénitude de la vérité de Dieu et de la réalité. Certaines personnes pensent que d'un côté se trouve le naturel et de l'autre le spirituel, de sorte que vous devez abandonner un côté pour l'autre lorsque vous êtes sauvés. Mais la perspective biblique est que le naturel se situe à l'intérieur du spirituel, sous la Seigneurie de Jésus-Christ. Alors, rien n'est perdu. Nous avons tout gagné. La vie devient plus vaste et plus riche.

Si la vie devient plus vaste après que l'on ait été sauvé, pourquoi avons-nous souvent l'impression du contraire – que la vie chrétienne rend les gens plus limités et plus rigides ?

Une question que je pose souvent aux gens dans les différents pays où je me rends est celle-ci : « Si vous alliez dans votre ville et que vous arrêtiez dix personnes en leur disant : "J'aimerais vous poser une question. Si vous deveniez un chrétien aujourd'hui, pensez-vous que votre vie deviendrait plus grande, plus complète et plus engagée ou plus petite, plus restreinte et moins engagée ?" – si vous demandiez cela, comment les personnes répondraient-elles ? » En général, tout le monde dit que les gens donneraient la deuxième réponse, ils pensent que la vie devient plus petite, plus restreinte et moins engagée. Et je suis d'accord que ça serait l'impression de la plupart des gens. Mais alors je pose la question : « Est-ce bien ce que dit la Bible ? » Ils répondent : « Non, ce n'est pas ce que dit la Bible. » Je suis aussi d'accord avec cela. Alors d'où vient l'idée que devenir un chrétien vous rend plus limité ? Cela vient, dans une certaine mesure, des médias et des attaques fausses contre le christianisme, mais dans une large mesure cette idée leur vient des chrétiens eux-mêmes. Si c'est la vérité, alors peut-être que l'apologétique devrait commencer par une « apologie », c'est-à-dire des excuses. Peut-être devrions-nous demander aux gens s'ils peuvent nous pardonner de leur donner une idée fausse de ce que cela veut dire de vivre en tant que chrétien. Nous devons également mettre en pratique la Seigneurie de Jésus-Christ sur *tous* les aspects de la vie, et non seulement sur la vie religieuse.

Une image centrale du christianisme est la Crucifixion et ce qui en découle : le fait que le Christ nous lave de nos péchés par son sang. L'image est violente et perturbe bien des gens. Comment s'identifier à cela ? N'y a-t-il pas une autre manière de communiquer le message du christianisme ?

C'est sanglant. C'est mortel. Cela ne pourra jamais être agréable. Parfois je dis aux gens que cela ressemble à une visite chez le dentiste. Une visite « salutaire » chez le dentiste ne peut jamais être agréable – pas si c'est un bon dentiste. Imaginez avoir une rage de dents horrible et que le dentiste vous dise : « Oh, vous devez horriblement souffrir. Venez, laissez-moi vous bénir. Prenez un peu de morphine. » Ensuite, s'il vous quitte et c'est là sa seule solution, il ne vous a pas béni, il vous a maudit. Pour commencer, la bénédiction *augmente* la souffrance. Une visite chez le dentiste est un exemple clair de ce que représente une bénédiction douloureuse. Il est parfois utile de rappeler aux gens que la vie n'est pas une partie de plaisir et qu'avoir *plus de vie* n'est pas un processus entièrement agréable. Bien sûr, les gens préfèrent imaginer une sorte de salut agréable. Vous pouvez vous imaginer un salut bouddhiste ou quelque chose de transcendantal – et bien des gens le font. C'est tout à fait naturel et bien romantique de s'imaginer un salut agréable. Mais la Bible n'offre pas ce genre de salut. Ce salut est un scandale. Paul lui-même le dit. Cela a toujours été vrai. Jésus est faussement décrit comme étant tout gentil, mais Il ne l'est pas. Il est réel.

C.S. Lewis l'avait bien vu dans son livre *Le Lion, la Sorcière blanche et l'Armoire magique*. Dans l'histoire, les enfants sont perplexes devant Aslan, une sorte de symbole de Jésus, et demandent : *Est-il sans danger ?* Et on leur dit : *Bien sûr que non ! Mais il est bon.* Sans danger ou gentil ne veut pas dire bon. Une autre illustration serait une maman avec son petit garçon de trois ans sur le point de s'élancer sur la rue. Si le garçon s'élance dans une rue où il y a beaucoup de circulation, l'amour de la mère s'exprimerait alors de manière très violente. Elle saisirait le petit garçon et le tirerait violemment hors de la rue au risque de lui casser le bras. Elle pourrait crier et essayer de lui inculquer de la peur et cela serait sa façon d'aimer. Si, au contraire, elle avait réagi avec modération, il serait mort. Notre situation est urgente et la solution de Dieu est à la fois drastique et efficace.

Dieu est-Il masculin, selon la Bible, ou a-t-Il en Lui quelque chose de féminin ?

Dieu est en Lui-même absolu et de Dieu proviennent tant le masculin que le féminin. La Bible nous apprend à appeler Dieu Père, mais nous voyons dans divers passages qu'Il est également Mère. Dans l'Ancien Testament, Dieu dit : *Comme un homme que sa mère console, ainsi je vous consolerai.* Dans le Nouveau Testament, Jésus dit à Jérusalem combien il voulait rassembler ses enfants comme une poule rassemble ses poussins. Nous avons coutume d'appeler Dieu Père en partie à cause de Sa relation avec Jésus. Aussi, certains aspects importants du caractère de Dieu, tels qu'ils s'expriment dans l'histoire, Le décrivent comme puissant et donnant la loi – ceci tend dans la direction de la paternité. Cependant, bien que cela soit exact d'adresser nos prières à Dieu le Père, considérer *l'ensemble* de la réalité divine uniquement en tant que Père ne serait pas exact, car Dieu dépasse une telle conception.

Quelle est la différence, à votre avis, entre les anges et les anges déchus ?

Dieu est trois personnes et est centré sur les autres. Le diable est une seule personne et il est centré sur lui-même. Pour cette raison, les anges qui suivent Dieu sont centrés sur les autres et les anges qui suivent le diable sont centrés sur eux-mêmes. Ils sont comme des trous noirs, aspirant toutes choses. C'est pourquoi le diable et les anges déchus se lient aux gens en les possédant et de les utilisant. Les anges de Dieu, au contraire, bénissent les gens et les encouragent à être centrés sur les autres, à aimer et à connaître la Vérité.

Les chrétiens ont-ils mal lu la Bible, pour en arriver à une mauvaise utilisation ou à l'exploitation la nature ?

Oui. Un exemple en serait l'évasion eschatologique. Ceci est la croyance qu'à la fin du monde Jésus viendra et nous prendra pour nous enlever dans un autre lieu et brûlera Sa création et recommencera dans un quelconque royaume céleste. Je ne crois pas que cette idée est soutenue par la Bible, mais des chrétiens l'ont crue. Ceci a eu pour conséquence une attitude utilitariste : « Utilisez la création pour vos propres intérêts parce que Dieu la déteste et que de toute façon Il va la brûler. » Cette attitude est l'une des principales critiques qu'expriment les partisans du

Nouvel Age et les bouddhistes envers les chrétiens, et la critique est valable.

Certaines personnes suggèrent qu'on peut facilement faire un mauvais usage de la Bible et la comprendre de travers en raison de sa complexité. Pourquoi Dieu créerait-Il un document si compliqué pour exprimer Sa vérité ? Pourquoi ne pas créer quelque chose de plus simple ?

La nature de Dieu est complexe et Son image aussi. Une expression trop simple de la vérité serait réductrice, inadéquate et inappropriée. Il y a une limite à la simplicité qu'il peut y avoir dans notre relation avec Dieu. Si elle est trop simple, alors les gens seront des marionnettes et des automates. Il doit y avoir de la place pour réfléchir et faire des choix. Dieu n'agit pas mécaniquement et ainsi Son image non plus. La Bible n'est pas sans ressemblance aux autres choses de la vie – le mariage, par exemple. Le mariage est une réalité complexe et difficile à comprendre, et conduit à bien des abus, mais cela ne veut pas dire que nous devrions nous en débarrasser ou l'éviter. Le fait que la Bible soit complexe et que les gens en fassent mauvais usage, délibérément ou accidentellement, ne prouve pas qu'elle soit fausse. Ceci me montre qu'elle est réaliste.

Le salut est-il possible pour des gens suivant des religions non-chrétiennes ou pour des personnes sans religion ?

Oui, pas parce que tout est vrai, mais parce que Dieu a mis la pensée de l'éternité dans le cœur de tous les hommes. Il nous promet que si nous Le cherchons de tout notre cœur, nous Le trouverons. L'inverse est également vrai. Beaucoup de gens qui se disent chrétiens sont bien loin du christianisme. Vous pouvez vous rendre dans de nombreuses églises et y trouver des gens qui ne sont pas chrétiens. Vous y trouverez de la jalousie, de l'orgueil, de la manipulation, de l'avarice, des idées absurdes d'un point de vue écologique ainsi que toutes sortes de problèmes. Jésus nous appelle à être Ses ambassadeurs et à manifester Sa réalité dans nos relations les uns avec les autres, mais nous échouons. Cet échec ne signifie pas que personne ne peut être sauvé. Je connais beaucoup de missionnaires et j'ai entendu des histoires extraordinaires sur la manière dont des personnes ont été sauvées sans avoir rencontré de chrétiens. Alors oui, je pense que des personnes qui sont sans Bible ou sans église, si elles sont honnêtes, peuvent connaître leur besoin de Dieu. Elles peuvent devenir pauvres en esprit – le genre de personnes que Jésus appelle *bénies*. Si elles sont honnêtes, elles crieront à Dieu et Dieu leur répondra. C'est un problème personnel, individuel et non un problème religieux, racial ou culturel.

Etes-vous en train de dire que les gens peuvent être sauvés sans Jésus ?

Non, je ne veux pas dire qu'ils peuvent être sauvés sans Jésus, mais qu'ils peuvent être sauvés en dehors de la tradition culturelle de l'église. Dieu peut s'approcher d'eux directement. J'ai rencontré des personnes qui sont devenues chrétiennes à cause d'une vision. J'ai connu une missionnaire s'est engagée à travailler avec des traducteurs dans une vallée retirée d'Indonésie. Les gens de la contrée n'avaient jamais rencontré d'étrangers et elle leur dit : « Je suis venue vous parler de l'Agneau de Dieu qui est venu pour ôter les péchés du monde ». Ils répondirent : « Nous savons cela. » Elle leur demanda : « Qui vous l'a dit ? »

Les habitants luis parlèrent racontèrent l'histoire d'un homme, aujourd'hui décédé, qui avait été le juge de cette tribu. Cet homme avait semble-t-il vécu longtemps dans l'angoisse, car bien qu'il fut le juge des autres, il n'y avait personne pour le juger *lui*. Cette situation lui était insupportable. Il s'en désespérait, et un jour il eut une vision d'un agneau mis à mort. C'était une vision révélée à Saint Jean dans l'Apocalypse et il comprit que le Créateur était mort afin de le rendre, lui, juste et pur et alors il crut. Il n'avait jamais entendu le mot *Jésus*, mais il crut en Jésus. Dès lors, il enseigna cela à son peuple dans les limites de ce qu'il avait compris. C'est comme ça que cela se passe parfois. Cela ne veut pas dire que nous ne devons pas parler de Jésus aux gens. Nous sommes responsables de faire ce que nous pouvons. Mais nous n'avons pas besoin de vivre dans le désespoir à l'idée que Dieu serait cruel et injuste à cause des gens que nous ne pouvons rencontrer.

Comment les chrétiens peuvent-ils se rapprocher des gens du premier et du deuxième cercle ?

C'est une bonne question, car la plupart des gens dans le monde sont des monistes ou des dualistes d'un genre ou d'un autre. Si vous êtes chrétien, il y a de bonnes chances que vous ayez un voisin moniste ou dualiste. Les chrétiens savent qu'ils doivent aimer leur prochain. Pour aimer quelqu'un, vous avez besoin de le comprendre parce que l'amour n'est pas un sentiment. L'amour est une relation avec d'autres personnes impliquant la compréhension, la communication et le soutien. Et l'amour ne consiste pas en débats et en controverses. Si je sais tout et que je gagne tous les débats, mais n'ai pas d'amour, ça ne vaut rien. Nous avons besoin de comprendre les gens pour les aimer et seulement alors la logique et la discussion peuvent être vraiment bénéfiques. Ceci nous aide également à nous rappeler des choses que les chrétiens et les non-chrétiens ont en commun. Dieu m'a fait chrétien, mais avant cela Il avait fait de moi un être humain. Quand je suis devenu chrétien, je n'ai pas cessé de l'être. En tant que chrétien, il y a bien des choses que je ne partage pas avec les personnes qui n'ont pas ma foi, tandis que sur le plan simplement humain, j'ai beaucoup de choses en commun avec elles. J'aimerais également ajouter qu'il est important d'écouter les gens et de poser des questions profondément humaines. Que veut dire être un humain ? Comment nous connaître ? Quel est le sens de ma vie ou son but ? Que faire de ma culpabilité ? Quelles sont l'origine et la destination de toutes choses ? Ce sont des questions qui ne laissent personne tranquille. Ceux d'entre nous qui sont chrétiens savent que la réponse c'est Jésus, mais *quelles sont les questions ?* C'est ici qu'il nous faut travailler afin d'être une bénédiction pour les autres. Nous ne devons pas leur dire : « Vos questions ne m'intéressent pas, croyez simplement en Jésus, Il est la réponse. » Ça, ce n'est pas de l'amour, c'est de la vente. Nous devons demander : « Quelles sont vos questions ? » Alors nous pouvons dire avec espérance : « Oui, ce sont là aussi mes questions. Nous sommes humains. Nous vivons dans un monde difficile. » C'est alors que nous pouvons commencer à chercher les réponses.

Vous soulignez l'importance de poser des questions. Où, dans la Bible, sommes-nous encouragés à poser des questions ou à manifester de la curiosité ?

Dieu nous invite à raisonner avec Lui. Vous le voyez dans différents versets. Dans Esaïe 1 :18, Dieu dit : *Venez et discutons ensemble.* Dans la Genèse, Dieu annonce l'Evangile à Adam par une série de questions : *Où es-tu* ? Qui te l'a dit ? As-tu mangé ? Si c'est la manière de Dieu d'annoncer l'Evangile, nous serions sages de la suivre en nous posant des questions les uns aux autres. Je pense aussi que le fait de poser des questions est une des raisons pour lesquelles Jésus veut que nous soyons comme des petits enfants. Combien d'entre vous ont connu un petit enfant qui ne posait pas de questions ? Ce genre d'enfants n'existe pas. C'est tout naturel pour eux que de poser des questions. Dieu ne veut pas que nous arrêtions de penser. Il veut que nous posions des questions, que nous testions – que nous touchions, sentions, pénétrions toutes choses.

Des non-chrétiens assistent souvent à vos conférences. Quelles dimensions particulières apportent-ils ?

Je trouve que les non-chrétiens amènent souvent une perspective plus originale que les chrétiens. Je crois que cela vient du fait que les non-chrétiens ne viennent pas du même moule culturel, traditionnel et religieux. Ils ne posent pas leurs questions dans un jargon religieux. Ils s'expriment davantage en anglais, allemand, russe courant ou autre. Lorsqu'un chrétien pose une question, il s'attend à une réponse provenant d'un contexte ou d'une vision chrétienne du monde, celle d'une expérience culturelle traditionnelle. Cela ne représente pas toute la réalité humaine. Les questions posées par les chrétiens sont plutôt prévisibles. Les non-chrétiens ont tendance à être moins prévisibles. Leurs questions font monter votre taux d'adrénaline et vous gardent éveillé. J'aime cela.

Quels sont les défis spécifiques pour les chrétiens lorsqu'il s'agit de poser des questions ?

Je pense qu'un problème propre aux chrétiens nés de nouveau est qu'ils se savent nés de nouveau, dans la paix de Dieu, mais ils s'imaginent que cette paix signifie : pas de conflit. Mais ça n'est pas ce que la Bible veut dire lorsqu'elle parle de *paix*. Paix signifie *shalom*, ce qui est le fondement du bien-être et de la compréhension de la réalité. C'est sur cette base que l'on peut avoir des conflits, poser des questions, admettre ne pas savoir et reconnaître notre besoin d'en savoir davantage. Beaucoup de chrétiens sont passifs et satisfaits d'eux-mêmes dans leur foi, oubliant que le mot *Israël* signifie *celui qui lutte avec Dieu*.

Le fait de poser des questions ne provoque-t-il pas un sentiment d'incertitude et de doute qui pourrait avoir pour effet d'affaiblir la foi ?

Poser des questions facilite l'affermissement de la foi dans les choses que la Bible désire que nous croyions. Si nous ne remettons jamais en question nos croyances, alors notre compréhension ne grandira jamais. La Bible désire que nous croyions en un Dieu personnel et en une relation personnelle avec ce Dieu. La Bible désire que nous accueillions les questions qu'on nous pose et que nous exprimions nos propres questions concernant la réalité. Ne pas poser de questions signifie que notre foi est faible. Cela signifie que nous ne croyons pas Dieu capable de nous soutenir dans la période de crise et de confusion. On ne grandit pas sans poser des questions. Les versets 5 et 7 du quatrième chapitre du livre des Proverbes, nous ordonnent d'*acquérir la sagesse*. Cela veut dire qu'au départ elle nous fait défaut. Un des moyens pour l'acquérir est de commencer à poser des questions.

Comment votre église actuelle réagit-elle à vos questions ?

Lentement, mais de manière positive. Bien des questions que je trouve dans la Bible et que je pose à la Bible sont des questions qui provoquent un changement de cadre et de perspective. Cela prend bien du temps à la plupart des gens pour commencer à comprendre ce genre de questionnement. Cela demande beaucoup de répétitions bienveillantes.

Comment peut-on apprendre à poser de meilleures questions ?

Il y a de nombreuses manières. Par exemple, lisez des livres qui posent des questions. Ou bien, lisez des romans et voyez des films qui posent des questions et réfléchissez ensuite à des réponses bibliques. Soyez conscients que certaines réponses ne sont pas toutes faites. Approfondissez votre réflexion et poussez votre raisonnement jusqu'à ses limites. Soyez courageux et rigoureux en posant des questions dangereuses. N'esquivez pas les questions qui vous effraient. Posez des questions pour lesquelles vous n'avez pas une réponse déjà toute faite. Essayez de comprendre pourquoi la question est posée. Quel changement la réponse apportera-t-elle à votre vie ? Si vous exprimez vos questions de manière confuse, essayez de les mettre par écrit. Le processus est sans fin. Vous devez rester en alerte.

Pourquoi êtes-vous devenu tout d'abord un bouddhiste ?

J'ai grandi dans un environnement chrétien et je posais constamment des questions absolues. Mais les chrétiens que je connaissais n'étaient pas intéressés par mes questions. Ils me disaient : « Arrête de poser des questions, crois seulement. Deviens comme un petit enfant, aie la foi sans poser de questions. » Pour moi, cela n'avait aucun sens. Ce n'est que plus tard, lorsque j'ai commencé à comprendre ce que Jésus voulait en nous disant de devenir comme des petits enfants, en réalité, il voulait nous inciter à poser des questions, à nous renseigner et à explorer. Mon insatisfaction première avec le christianisme me conduisit à faire le tour de toutes sortes de philosophies et de religions. J'ai fréquenté la Société des Rose-Croix, le bahaïsme, la Communauté de la Réalisation du Soi de Paramahansa Yogananda et d'autres groupes encore. Je me suis attaché au bouddhisme zen, car il est fortement non religieux. Les bouddhistes zen s'intéressent toujours aux absolus et c'est cela qui m'intéressait. J'appréciais également le fait qu'ils étaient le seul groupe religieux que je connaissais qui ne vendait pas de bijoux.

Comment êtes-vous devenu un chrétien ?

Il y a différentes réponses correctes. Une réponse juste est « par mon libre choix ». Une autre réponse également vraie est « par l'action souveraine du Saint-Esprit ». Une réponse juste doit inclure les deux : je choisis et c'est Dieu qui choisit. En ce qui concerne les raisons précises de mon choix, je peux penser à plusieurs causes concrètes. Parmi les plus importantes fut la découverte qu'il faut moins de foi pour croire au christianisme que pour croire en n'importe quoi d'autre. D'après moi, il faut plus de foi pour croire en l'humanisme. Je connais des gens qui croient que les êtres humains sont fondamentalement bons et je pense : « Waw, quelle foi ! Ils croient contre toute évidence. Quelle foi puissante ! » Je ne veux pas d'une telle foi. Trop de foi est destructeur. Je désire avoir une petite foi en une grande vérité. Je ne veux pas une grande foi en une idée fausse. Un être humain parvient à croire n'importe quoi. Un être humain peut croire que le monde est plat et il peut le croire avec une telle conviction qu'il est prêt à mourir ou à tuer pour cette idée. Mais croire que le monde est plat ne le rend pas plat. Ma foi en Jésus comme Dieu et Seigneur ne fait pas de Lui Dieu et Seigneur. S'Il est Dieu et Seigneur, alors Il l'est indépendamment de ce que je crois de Lui. Durant ma recherche, ceci était une chose essentielle pour moi – une vérité qui était indépendante de ma foi – et le système de compréhension le plus indépendant que j'ai découvert était la vision biblique du monde. En étudiant le christianisme, je posais aussi beaucoup de questions. Une pensée récurrente et obsédante trottait dans ma tête pendant des semaines. Une fois, j'ai chanté dans un opéra anglais appelé *Le Mikado* et un des vers de l'opéra disait : « Qui es-tu toi qui poses cette question ? » Alors que j'étudiais, ce vers ne quittait plus mes pensées et je me suis dit que peut-être que je devrais y prêter attention. Puis je me suis dit, je me pose toutes ces questions, mais qui est celui qui questionne ? J'ai réalisé que la réponse bouddhiste est *Questionner est*, mais la réponse chrétienne est *Je questionne*. Ceci était plus proche de mon expérience véritable de moi-même. Je m'étais posé des questions toute ma vie. C'était ainsi une autre raison pour laquelle le christianisme me semblait sensé. Mais je ne me débattais pas avec les mêmes choses que la plupart des gens. Beaucoup luttent avec la culpabilité ou son déni, ou avec l'existence du surnaturel. Certains sont rationalistes, comme bien des savants et des ingénieurs, qui croient que si vous ne pouvez pas mesurer quelque chose et l'exprimer en chiffres alors cela n'existe pas. Mais je n'ai jamais eu ces difficultés. Toute ma vie j'ai cru au surnaturel.

Quelles difficultés aviez-vous eues ?

La nature personnelle de la réalité a été pour moi un point crucial. Une question me venait souvent à l'esprit : Le non-personnel est-il nécessairement moins que personnel ? Ne pourrait-il pas y avoir un sur-personnel, non-personnel, d'où pourrait provenir la personnalité ? En d'autres termes, est-ce que la réalité humaine, qui est personnelle, pourrait provenir d'une réalité absolue qui serait impersonnelle, ou encore : une réalité impersonnelle absolue peut-elle seulement produire des choses qui sont moins que personnelles ? Je prenais cette question très à cœur et j'avais toutes les peines du monde à trouver un chrétien qui voulait bien la prendre au sérieux ou même qui pouvait commencer à comprendre quel pouvait en être le sens. La réponse bouddhiste à la question est *Oui* – une réalité absolue impersonnelle peut donner naissance à une réalité humaine personnelle dans l'illusion de la diversité. Par contre, la réponse chrétienne est *Non* – seule une réalité absolue personnelle est capable de créer une réalité humaine personnelle. Je voulais savoir pourquoi les chrétiens avaient foi en leur réponse et pour quelle raison la réponse bouddhiste pouvait ne pas être juste. Le Seigneur a dû me conduire à la communauté de L'Abri Fellowship en Suisse avant que je puisse trouver des gens capables de comprendre mes questions et de m'aider. Mais c'était ici mon propre combat. Nous sommes tous différents. Je peux vous raconter comment et pourquoi je suis devenu chrétien, mais ça sera différent pour vous. Il vous faut le devenir à votre manière. Vous n'êtes pas moi. Vous êtes unique. Il vous faut venir à Dieu et Dieu doit s'approcher de vous de façon que vous Le compreniez intellectuellement, émotionnellement, de manière existentielle, moralement, et d'une manière que je pourrais, moi, ne pas comprendre. Selon la Bible, votre relation avec Dieu est comme un mariage. Les chrétiens parlent souvent de partager leur foi, mais je ne crois pas que je puisse partager ma foi. Je pense que je peux partager *la* foi – ce en quoi les chrétiens croient –, mais je ne peux pas davantage partager *ma* foi que partager mon mariage. Je suis marié et je peux vous parler de mon mariage, mais je ne peux guère le partager avec vous. J'ai foi en Jésus-Christ et je peux vous en parler, mais je ne peux pas la partager avec vous. Il vous faut avoir la vôtre. Vous ne pouvez pas l'obtenir en imitant une autre personne ou en l'héritant de vos parents ou de vos grands-parents. Nous pouvons dire que Dieu n'a pas de petits-enfants. Il n'a que des enfants. Chacun doit venir directement à Lui.

Vu que vous êtes le genre de personne qui persiste à poser des questions sur les visions du monde, pensez-vous qu'un jour vous pourriez trouver une réponse différente et ainsi abandonner le christianisme ?

Je veux veiller à ce que mon christianisme ne devienne pas du fanatisme ou quelque chose que je crois uniquement parce que je le crois. Si quelqu'un prouvait qu'il a trouvé les ossements de Jésus, je cesserais sur le champ d'être chrétien, parce qu'alors le christianisme ne serait pas vrai. Il y a des aspects de la vie chrétienne qui me plaisent, mais je les sacrifierais pour la vérité. Je pense que vous devez rester ouvert, mais en même temps fidèle et consacré. Vous pourriez rencontrer bien des femmes intéressantes, mais vous ne devriez en épouser qu'une seule. Cela signifie qu'il vous faut dire *Non* à bien des femmes et *Oui* à une seule. La relation avec Jésus, comme je l'ai déjà dit, est comme un mariage. Si vous veniez à découvrir que la femme que vous avez épousée a de sérieux problèmes, qu'elle a déjà été mariée huit fois et qu'elle a neuf enfants dont vous ne saviez rien, alors vous pourriez abandonner cette situation. Pareillement, si je découvrais que Jésus était un mensonge, alors je passerais par une crise profonde. Et autant que je puisse l'imaginer maintenant, je reviendrais au bouddhisme zen. Mais la fausseté du christianisme devrait être établie sérieusement et de différentes manières pour me faire abandonner ma foi.

Rencontrez-vous encore des personnes dans l'église qui vous disent : « Ne pose pas de questions, mais crois seulement ? »

Beaucoup moins – en partie parce que je suis plus âgé et que les gens veulent être polis, et en partie parce que je suis maintenant pasteur dans une église où beaucoup de personnes font de la recherche scientifique. Leur carrière tout entière consiste à poser des questions.

Je trouve cependant intéressant de constater que de nombreux chrétiens, qui sont des scientifiques et des chercheurs, séparent leur travail scientifique de leur foi religieuse. Ils disent : « Ceci est du domaine de la foi et cela concerne la connaissance. » C'est une attitude schizophrène. Je ne pense pas que c'est sain. C'est très courant sans doute parce que le fait de compartimenter simplifie les questions et permet d'avoir le contrôle, et les gens se sentent bien en faisant cela. Mais j'encourage toujours les gens à mettre les choses ensemble. Tout est cohérent en Jésus. Lorsque vous lisez la Bible, vous ne devriez pas seulement demander : « Est-ce que je crois ce qu'elle dit ? », mais également : « Qu'est-ce que cela signifie ? » Vous n'aurez jamais fini de le découvrir. Il vous faut rester éveillé avec l'attitude d'un petit enfant. *Votre attitude d'ouverture et de curiosité est inhabituelle pour un pasteur. Cela reflète-t-il vos années de pratique bouddhiste ?*

Je ne sais pas. Il y a certainement des éléments de mon passé de bouddhiste zen que j'ai gardés qui sont bons. Ce ne sont pas des choses que vous ne trouverez pas dans la Bible, mais il y a des domaines sur lesquels les chrétiens n'ont pas beaucoup insisté. Le principal est l'idée de l'importance de l'ordinaire. Dans le bouddhisme zen, les choses ordinaires sont spéciales et les choses spéciales sont ordinaires. Je pense que c'est biblique, bien que les chrétiens eux-mêmes sont enclins à ignorer l'ordinaire et à valoriser les choses et les expériences spéciales, les lieux spéciaux, les objets religieux spéciaux. Le livre de l'Ecclésiaste nous encourage à cultiver notre jardin, à manger de ses fruits et à être reconnaissants envers Dieu. Tout ça est très ordinaire. L'accent que le zen porte à l'ordinaire comprend également la valorisation de la création. Les bouddhistes zen ne savent pas que Dieu l'a créée, mais ils lui accordent une grande valeur. Un des grands proverbes zen est : *Bouddha est un tas de fumier.* Cela veut dire que si vous ne reconnaissez pas Bouddha dans le tas de fumier en retournant votre jardin, alors vous ne connaissez pas Bouddha. En conséquence, les bouddhistes zen ont tendance à ne pas exploiter ou délaisser la nature. Ils essaient d'intégrer la nature dans la nature-Bouddha. La Bible nous donne la responsabilité de prendre soin de la création que Dieu aime, mais les chrétiens parfois se s'éloignent de cela.

Avez-vous une préférence confessionnelle ?

Ma pratique religieuse serait plutôt baptiste et de tendances issues des Assemblées de Frères. Je reconnais, cependant, une grande richesse dans la liturgie. J'y prends plaisir. A mes yeux, vivre de manière systématique l'histoire salvatrice de Dieu et de Sa parole à travers le symbole, le texte et la pratique, plutôt qu'au hasard d'une approche du genre « lorsque l'occasion se présente » ou « selon l'humeur », est important. En même temps, il y a des dangers que nous en venions à adorer la tradition de la liturgie elle-même. Aussi, beaucoup de gens qui fréquentent des églises liturgiques ont une très petite idée de ce que cela veut dire. Ils le font parce que cela se fait ainsi. Ils peuvent peut-être le pratiquer pour un sens d'appartenance ou pour des avantages sociaux ou par habitude. Quelqu'un a dit une fois que la liturgie est comme *une vérité cachée par de nombreux voiles sacrés*. Je pense que ça peut être le cas pour bien des gens.

Eprouvez-vous moins de douleurs dans la vie parce que vous êtes chrétien ?

Non. Il y a plus d'espérance, mais je n'éprouve pas moins de souffrance. Il se peut, en fait, qu'il y ait *plus* de souffrance. La souffrance d'un chrétien n'est pas seulement la sienne, mais aussi la souffrance du monde et la douleur que le Christ ressent pour les hommes – non pas que ma sensibilité dans ce domaine soit plus développée que celle des autres. Pourtant, il me semble qu'au cours de la vie chrétienne, et à mesure que nous avançons sur ce chemin et que nous courons la course, nous devenons plutôt plus sensibles que moins. La vie devient plus intense, plus riche, plus complète, avec plus de souffrance et plus de joie.

Quelle est l'une des plus importantes réponses que la Bible vous a données ?

Le quatrième chapitre de l'Epître aux Philippiens m'est très cher. Paul nous dit de nous inquiéter de rien, mais en toute chose, dans toutes les circonstances et tous les détails de notre vie d'apporter, par des prières et des supplications, nos requêtes à Dieu. Ne cachez rien à Dieu. Apportez-Lui tout. Exprimez-Lui votre point de vue. Dites-Lui ce que vous voulez. Vous n'êtes pas Dieu, vous ne voyez pas parfaitement, mais dites-Lui ce que vous voulez. Prenez conscience de la manière dont vous voyez les choses et quelle serait, selon vous, la façon la plus appropriée pour régler la situation, et parlez-en à Dieu. Maintenant, si vous faites ceci, la promesse *n'*est certainement *pas* que Dieu vous donnera ce que vous demandez. Ça serait une malédiction terrible. Un des pires souhaits que vous pouvez formuler pour une autre personne est « que tu puisses recevoir ce que tu désires ». Elle serait certainement détruite. Ainsi Dieu ne nous dit pas qu'Il nous donnera ce que nous voulons. La promesse est qu'Il nous *gardera*. *La paix de Dieu, qui surpasse toute intelligence, gardera vos cœurs et vos pensées en Jésus-Christ.* Telle est la promesse. Quels sont les détails de l'accomplissement de cette promesse ? Ils sont infinis. Nous ne savons pas à quoi cette fidélité à la promesse ressemblera d'une personne à une autre ou d'une circonstance à la prochaine. Nous ne connaissons pas les détails. Nous connaissons seulement la sécurité que Dieu nous gardera et ne nous abandonnera jamais. Ainsi, lorsque nous vivons des situations douloureuses, qui nous mettent en colère, nous rendent confus, mal à l'aise, qui nous menacent et que nous nous demandons : « Est-ce que Dieu me garde... ? »

Nous pouvons être sûrs que la réponse est toujours OUI.

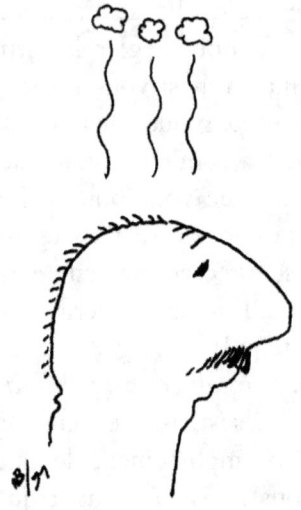

Croquis de l'auteur par Andrzej Bednarczyk, professeur de peinture à l'Academie Sztuk Pieknych à Cracovie, Pologne, esquissé durant une conférence à Kazimierz en 1991.

J'aimerais adresser, ici, ma grande reconnaissance à :

Peco Gaskovski
notre rédacteur, qui, par ses dons variés et son immense travail, a su donner à mes écrits : voix, forme, structure et couleur

Katharine Wolff
notre graphiste, qui me montra comment un livre prend forme et ce qui en fait sa beauté

Ralph McCall
notre éditeur, qui contrôla la mise en production et m'informa de chaque étape

Marsh Moyle
qui, par sa lecture attentive de la première version, suscita des changements importants au texte

Lilian Myers
qui, avant tout, édita et publia une grande partie de cet ouvrage sous forme d'articles

Ruth Gaskovski
qui, pour la version anglaise, tapa le texte, le relut, me fit part de ses suggestions et m'encouragea

Marie-Madeleine Berthoud
qui a donné de son temps et à partagé son savoir-faire en traduisant ce livre en français

Jean-Marc Berthoud
pour son aide avec la relecture et pour ses conseils

Anne-Lise Bloch Creutz
pour son grand travail avec la relecture finale et ses remarques précieuses

o o o

Destinée Media a comme objectif d'apporter une perspective nouvelle à la vie, à la culture et aux différentes visions du monde. Ceci est le premier livre d'une série basée sur les conférences d'Ellis Potter.

www.ingramcontent.com/pod-product-compliance
Lightning Source LLC
Chambersburg PA
CBHW071737080526
44588CB00013B/2065